“幸福密码”丛书　叶淑兰 | 著

北欧：这里没有穷人

南方日报出版社
NANFANG DAILY PRESS
中国·广州

图书在版编目（CIP）数据

北欧：这里没有穷人 / 叶淑兰著. -- 广州 ：南方日报出版社，2011.7（幸福密码丛书）
ISBN 978-7-5491-0227-3

Ⅰ. ①北… Ⅱ. ①叶… Ⅲ. ①政治制度－概况－北欧Ⅳ. ①D753.02

中国版本图书馆CIP数据核字(2011)第142428号

北欧：这里没有穷人　　叶淑兰 著

出版发行：南方日报出版社
地　　址：广州市广州大道中 289 号
电　　话：（020）83000502
经　　销：全国新华书店
印　　刷：广东信源彩色印务有限公司
开　　本：889mm×1194mm　1/16
印　　张：14.5
字　　数：163 千字
版　　次：2011 年 7 月第 1 版
印　　次：2011 年 7 月第 1 次印刷
定　　价：30.00 元

投稿热线：（020）83000503　读者热线：（020）83000502

网址：http://nf.nfdaily.cn/press/

“幸福密码”丛书总序

◎林 洪

大约在10年前，也就是2001年吧，我与长者兼朋友钟永豪先生在海聊忆旧时，不知怎么地就打开了快乐与幸福的话匣。两位同道中人在切磋和思想碰撞中自然而然地将幸福上升到学理的层面来讨论，因此就有了我发表国民幸福指标体系设计的论文，提出“国民幸福指数”概念和算法，在各类论坛抒发对幸福孔见的学人之举。对此，不敢妄称“成就”二字，倒也先人一步。

然则，幸福是普罗大众亘古不变的追求，是永远都让人津津乐道的平民话题，而将其束于学术殿堂、悬在象牙之塔有曲高之嫌。学术与文化、学人与文人本就相通，犹在对幸福的解码与诠释上。故而此套“幸福密码”丛书出版，可谓雅俗共赏，应势而发，可飨读者。

“密码”在中文里是“口令”（password）的通称，其本意是一种用来混淆的技术，将正常的可识别的信息转变为无法识别的信息。显然，这套丛书的命名取其之反，将幸福这个内蕴丰富、信息聚类有一定难度的范畴进行剖析、解读，实际上是一次比较系统地“破译”幸福的尝试和探讨。

“幸福密码”丛书包括《北欧：这里没有穷人》、《芬兰：教育强国强民》、《不丹：GNH创造乐土》、《新加坡：人民后顾无忧》四个单本。直白的语言和醒目的主题意味着，这套丛书在幸福解码的道路上，擎着的是通俗性、大众化的旗帜。作为研究幸福问题的技术派学人，舞文弄墨虽非我所长，但仍愿为此丛书管窥密码、解读幸福。

解码一：以福利之钥开幸福之门

北欧人以“没有穷人的天堂”来看待他们的幸福，他们生活在带有明显的“劫富济贫”色彩的福利国家，有着“从摇篮到坟墓”的无所不包的社会保障体系：在瑞典，国民即使身处困境也能感到平安，面对任何危机都能保持幸福的心态；丹麦的“叶尔特法则”保证任何人不得自称比别人好、聪明或者富有，它使国民老有所终、壮有所用、幼有所长；挪威借助社会福利和国民素质，用内心道德律及与自然的高度和谐来追求内心的幸福；冰岛的福利制度解决了国民的后顾之忧，使其有责任感和归宿感，使其发现快乐、享受幸福。

解码二：以四大支柱撑幸福之厦

可持续、均衡的社会经济发展，环境保护，文化保护与促进，政府善治，是山鹰之国不丹支撑幸福的四大支柱。上世纪70年代，不丹国民生活贫困，文盲率居高不下，几乎没有像样的现代化基础设施。不丹国王旺楚克1972年推行“全民幸福计划”和“国民幸福总值”（GNH)概念，创建了举世瞩目的“不丹模式”。“不丹模式”的幸福密码来源于打破以GDP为唯一导向的发展模式，走以大众幸福为导向的可持续、均衡的社会经济发展模式，不仅创造了高速的经济增长奇迹，而且使自然资源得到了有效的保护，同时促进和保护传统的文化，使人们的心灵得到净化，并且让人民学会管理国家，权力充分下放到基层，最终实现经济发展和国民幸福的双重目标。

解码三：以教育强国为幸福之本

芬兰的高福利和全球竞争力都源于其完善的教育，它将幸福理念落实到教育的每一个阶段。在芬兰，幸福教育从幼儿时期就已经启程，它坚持让每一个人都上一样的学，享受平等教育资源，坚持通才教育，让人人能够全面发展，坚持人性化教育，培养学生个性自由发展和关爱精神。芬兰以轻松的高考方式让学生感受到幸福，以完善的职业高中教育培养学生的职业技能。芬兰以随时随地、想学就学的理念建立了自由的成人教育体系，培养全民终身学习的观念。正是如此尊师重教的教育体系培养了芬兰人的种种优秀品格，铸就了国民幸福之本。

解码四：以完善国策开拓幸福永续之路

一系列完善的国策保证了新加坡国民永无后顾之忧和享受持续不断的幸福：公共组屋体系让国人不用做“房奴”；医疗保障体系让国人不用担心因病致贫；养老服务体系让国人不用养儿防老；教育体系让国人可以享受到同样的教育资源而不用购买学区房；就业保障和社会救助体系让该国的穷人也可以有尊严地享受幸福……新加坡的国策保证了国家社会福利的可持续性，使得新加坡人不用担心幸福就此终结，可以源源不断地享受国家给自己带来的福利。

如此解读“幸福密码”，只可算窥巨豹之一斑。他山之石，欲得其全貌者，揽此套丛书细读，正如大快朵颐之幸事，这本身就是一种幸福。寥寥寂寂之言，是以为序。

2011年7月11日于广州石牌

（作者系广东商学院统计学教授，经济学博士，中国大陆最早提出“国民幸福指标体系”、“国民幸福指数”概念的学者）

目录

第一章 认识幸福的北欧人

北欧是一个独特的地区，以高福利、人民生活幸福而闻名于世。当今世界，科技高度发达，人类可以享受的物质成果远远超过以前所有的时代。然而，却有很多的人生活在不幸中，甚至因为压力过大罹患各种精神疾病。

幸福离不开物质条件，但是单纯的物质享受不一定能带给人民真正的幸福。那么什么才是真正的幸福？北欧人又是如何享受幸福的？他们幸福的秘诀是什么？这些，对于生活在高节奏、高压力之下的我们，具有非同寻常的意义。因为，幸福是我们每一个人的追求，也是我们每一个人的权利。

本书希望借助于阐述北欧福利国国民生活的点点滴滴，揭开他们享受幸福的神秘面纱。或者，这将为我们国民开始享受更加幸福的人生带来启示。

一、幸福的北欧国度

本书描述的那些幸福的人生活在北欧。虽然远在天边，但借助高科技，我们只需花上10多个小时，就可以飞到地球的那一端，去感受他们的幸福。

北欧包括挪威、瑞典、芬兰、丹麦和冰岛5个国家，以及实行内部自治的法罗群岛。北欧总面积只有130多万平方千米，仅仅是我国面积的十分之一多一点。这里多山地，冬天天气严寒。这里经济发达，各国的人均国民生产总值位居世界前列。

（一）童话世界

北欧国家丹麦、挪威、芬兰等，即使对小朋友而言，也是耳熟能详的。世界著名的童话作家安徒生就诞生在丹麦。几乎每一个小朋友都听过他的童话故事《卖火柴的小女孩》、《皇帝的新装》、《丑小鸭》、《海的女儿》等。脍炙人口的童话故事激发了人们丰富的想象力。即使走出童话，来到现实生活中，也随处可以感受到这个国家惊人的想象力和创造力。在这块土地上，诞生了作曲家卡尔·尼尔森、原子物理学家尼尔斯·玻尔、雕刻家托尔森、神学家克尔恺郭尔、舞蹈家布农维尔与建筑家雅科布森。20 世纪有 12 位丹麦人获得了诺贝尔奖。丹麦在很多的研究领域上处于世界领先地位，例如天文学、生物学、环境学、气象学、解剖学研究、免疫学、光速计算、电磁、血清研究和核物理研究。

在瑞典，则有我们所喜爱的北海小英雄的故事。这里诞生了瑞典最具影响力的儿童文学作家阿斯特丽德·林格伦(Astrid Lindgren)，她创作了一大批童话故事——《小飞人卡尔松》、《米欧，我的米欧》、《狮心兄弟》、《绿林女儿》、《淘气包埃米尔》等，成为无数青少年以及成年人难忘的记忆。曾经有人这么描述童话般的瑞典：

瑞典，现实中的童话王国！
当全世界都睡了，她醒着。
当全世界都醒了，她睡了。
天边外，不寂寞……

正是在富有想象力的瑞典，诞生了伟大的发明家诺贝尔。如今，诺贝尔奖成为世界级的重要奖项代名词。诺贝尔是一个“改变世界的人”，他的故居成了世界级学术活动的中心和科学家的聚集地。

芬兰是圣诞老公公的故乡。传说，芬兰是最早迎接圣诞老人安居的地方。芬兰和苏联于1927年确定以拉普兰省“耳朵山”为两国通往北冰洋的国界线。芬兰的儿童故事大王玛尔库斯从中获得灵感，他在电台讲故事时说，圣诞老人和两万头驯鹿一起住在这座“耳朵山”上，正是因为有“耳朵”，圣诞老人才能在北极听到世界上所有孩子的心声。他这种颇有感染力的浪漫推理获得了世人认可。从此，故事中的“耳朵山”就成了圣诞老人的故乡。芬兰有著名的圣诞老人村，吸引了无数的游客。这个位于罗凡涅米以北8公里处北极圈上的老人村是一组木建筑群，有正门的尖顶、餐厅、花圃、圣诞老人办公室、居所、邮局、礼品店、麋鹿园等。

（二）常胜冠军

北欧这些国家，虽然面积不大，但却是世界排名榜里的常胜冠军。芬兰是全球经济竞争力冠军常客，丹麦属最佳商业投资环境，挪威与冰岛夺下最幸福国家冠亚军，瑞典有最适合人居的城市。

在经济竞争力上，北欧五国经常领先世界各国。世界经济论坛每年都公布全球经济体的竞争力排名，芬兰、瑞典、丹麦、冰岛和挪威都表现不凡，基本都可以排在前10名。2010年调查发现，在成长竞争力指数（衡量一国在未来5～8年的经济增长和竞争力变化情况）排行中，芬兰在5年内第4次占据首位。北欧国家在前10名排行中依然占据突出的地位，其中芬兰排名第一，瑞典第三，丹麦第四，冰岛第七，挪威第九。

在科技创新力上，北欧五国也是遥遥领先。如瑞典是诺贝尔的故乡，科学教育事业一向发达；瑞典的最高学术机构——瑞典皇家科学院，是世界著名的科学机构。北欧还有诺基亚、爱立信、宜家、ABB等众多全球知名企业。在当今诸多最具创新力的国家排名中，瑞典、芬兰、丹麦和挪威等北欧国家均名列前茅。《经济学人》信息部（EIU）调查2002到2006年全球最具创新力的国家排行，瑞典、芬兰、丹麦分别是第四、五、七名。根据美国卡内基—梅隆大学教授查德·弗罗里达2009年发布的报告，一些北欧国家，如瑞典、芬兰、丹麦及挪威等逐渐在创造力上超越美国或紧随其后。而达沃斯世界经济论坛以及《经济学人》智库EIU近年所做的全球竞争力和创新力国家排名中，北欧国家无一例外地名列前茅。

在生活质量上，尽管大自然条件恶劣，每年有半年冰天雪地，但还是由北欧夺冠。联合国2006年选出的全球最适合居住的幸福国家（人类发展指数最优国家），已经连续六年夺冠的挪威继续蝉联榜首。在2010年幸福妈妈的排行榜中，挪威也名列第一。

“盖洛普世界民意调查”从2005到2009年连续访问来自155个国家和地区的数千名受访者，将自己的生活满意程度以1至10评分，得出幸福指数。以丹麦为首的5个北欧国家，在“全球最幸福的国家和地区”中占头五位，原因是这些国家人民生活富足。

主持世界经济论坛全球竞争力排名调查的经济学家罗裴兹-克拉洛斯（Augusto Lopez-Claros）表示，北欧五国因为“总体经济环境健全，公共部门透明又有效率，政府预算与施政优先级十分吻合”，所以才能屡屡在竞争力评比上名列前茅。

（三）开放世界

北欧五国面积小，人口少，是典型的小国寡民。丹麦面积仅有4.3万平方公里，其他几个国家也大不到哪里去。他们的人口也很少，北欧五国总人口才2500万。人口最多的国家瑞典有900多万人，最少的冰岛只有31万人。

正是因为地小人少，北欧人民从来对外界都非常敏感，他们时刻准备着拥抱世界，而不让自己受制于“小国寡民”的状态。在《维京宣言》（*The Viking Menifesto*）一书中，两位作者史崔德（Steve Strid）和安迪森（Claes Andreasson）提到，生长在蕞尔小国的北欧，应该是缺点，但因为人口少，本土市场小，愈能激发往外看的动机。这使得北欧五小国都非常国际化。例如，人民学语言很快，采用新科技很快，融入其他文化也很快。北欧国家的人民平均都会“三语”，除了母语，他们的英语非常流利，一般也会再选择学习另一种欧洲语言作为第二外语。

开放的心态让北欧人很容易融入世界，他们不卑不亢，不故步自封，也不闭门造车。因为这种开放的精神，他们勇于创新，走在时代和科技的前列。

北欧各国政府大力支持科技创新。据统计，瑞典的研发支出比例高达3.7%，芬兰为3.5%，冰岛为2.9%，五国的研发支出比例，不仅都高于欧盟25国的平均值1.86%，更超越英、美、德等大国。芬兰更喊出2010年研发支出会达到4%的目标。

芬兰前总理利波宁便曾直言，芬兰从一个仰赖资源的国家，发展为仰赖知识的国家，就是教育和投资于研究发展的结果。

瑞典喊出2020年要成为世界第一个无油国的口号，举国正竭力发展替代能源，形成新一波全球竞争动力。

丹麦北方的奥尔堡（Aalborg）是无线通讯网络的研究重镇，包括芬兰的诺基亚、德国西门子、韩国三星等国际重要通讯业者，在市场激烈竞争之下，仍都愿意加入这个共同研究聚落。奥尔堡大学无线电通讯软件中心主任寇奇（Peter Koch）表示，共同研究是希望吸引国内外人才，相互激荡创新的想法，以补丹麦传统产业外移的空洞化危机。

事实上，北欧的科技实力，包括电信、重工、军事科技、汽车业等，近百年来一直很强，例如 Ericsson、NOKIA、VOLVO、SAAB 等品牌早就世界闻名。加上持续不断的研发能量，北欧五小国的竞争力，正是来自开放取胜的大格局与不惜投入研发经费的深耕策略。

（四）廉洁世界

很多国家都深为腐败问题所困扰。北欧各国却是世界上公认的最廉洁的国度。自 1995 年起，国际透明组织每年发布世界各国腐败状况排名，北欧国家一直被列为“最清廉的国家”。

他们有非常完备的反腐败体制。北欧国家的公务员制度很严格，公务员对国家负责，并不是对某个政党或者个人负责。这样，防止了公务员把行政权力演变成私人的权力。这保证了北欧国家政党和领导人无论如何轮替，都不影响国家的大政方针。

此外，北欧国家强调政治与行政的透明公开。当公务员、政府官方的一切财产都见诸阳光，腐败也就没有任何滋生之地了。为保证官员廉洁，这里还有一系列严密的权力监督体系：议会监督、政党监督、专门机构监督、舆论监督、群众监督等等。这保证了北欧国家的官员即使想腐败，也无法腐败。

靠外在法律约束制止腐败行为是必须的，但这仅仅是下策。最高明的反腐需要人们在内心的道德律的约束下真正地厌恶腐败，认可“崇廉忌贪”。北欧国家之所以廉洁更在于他们的廉政文化。以权谋私被视为令人唾弃的行为，大家都崇尚廉政，痛恨贪婪、受贿、侵吞社会财富、结党营私。

（五）福利王国

北欧一直被视为福利国家的典型。谈到福利国家，就不可能不谈北欧国家。北欧国家普遍追求平等主义，具有公平主义的历史传统和文化基础。例如，芬兰政府认为，公平是效率的基础，只有社会团结稳定，才能取得经济成功，实现经济高效发展。不帮助穷人，社会就不能稳定。例如，在瑞典，社会民主党长期执政，他们追求社会民主主义，就是要通过税收和各项政策，进行收入的再分配，缩小整个社会的贫富差距，让穷人也能过上体面的生活。

北欧五国是典型的社会福利国家。他们必须缴纳高税赋，但也享受高福利。例如，吴祥辉在《芬兰惊艳》一书中提到，芬兰约三成的国家总预算，使用于社会福利。而芬兰的学龄儿童，平均每年领取1万欧元的政府补助，24岁前平均每人花费的国家社会福利经费超过16万欧元；几乎可说终身免费教育，教育支出只占家庭支出的1%，其他的教育支出都由政府一肩揽下。

北欧以具备“从摇篮到坟墓”的福利体系而闻名于世。作为北欧人，从一出生就享受到众多的教育福利和社会福利，这使得他们不管是弱小、年老体衰、身体残疾还是失去工作，都可以有尊严地生活。

北欧国家非常重视教育，各国纷纷把“知识性国家”作为教育改革和发展的目标。北欧人一般从小学到大学一直都接受免费教育。据有关文章介绍，他们的高中教育一般分为普通高中和职业高中，普通高中重点进行文理科教育，职业高中除了进行基础知识教育以外，更加强调应用型的专业培训。各国的高等教育一般也分为两种，即研究型大学和职业类大学。研究型大学实行本、硕连读，学制5年，学生毕业后直接取得硕士学位。职业类大学学制4年，着重进行专业技能和专业理论教育，很受企业欢迎，很多学生在校期间就能得到企业的预聘。

北欧各国学校都是一个办学实体，他们可以根据政府要求自行安排课程，自行组织教学。学校有众多的沟通机制，重视学生和家长的意见和参与。这使得他们的教学非常具有针对性，可以真正做到因材施教，而不会一刀切。

北欧国家给学生提供很好的教学设备。他们以图书馆多而著称，电子图书馆也非常发达。他们对于教师队伍的建设也要求很高，即使是幼儿园的老师，都需要进行严格的训练，取得相关的职业资格证书才能上岗。我们往往认为大学老师更重要，但是，他们认为幼儿园老师是人生的第一导师，对于个人的成长和发展的影响要超过大学老师。所以，如果在北欧看到幼儿园老师的收入比中小学老师高，是不足为奇的。

二、何为幸福?

幸福是人类追求的永恒话题。古今中外，无数的人在品味幸福、研究幸福和感叹幸福。幸福是一个说不清的话题，总是仁者见仁，智者见智。有的人说，幸福必须有一定的物质财富的支撑，北欧人的幸福是建立在国家发达的经济基础之上的。也有的人说，幸福关乎人头脑中的化学物质，有的民族、有的人更能感受到幸福，因为他们头脑中分泌的“快乐”的化学物质比较多。还有人说，幸福取决于一系列的社会因素，一个人可以感受到社会平等和尊重，就会得到更多的幸福。

有学者进一步提出，影响幸福感的主要因素包括遗传、生活满意度和人际关系等，美国心理学家塞理格曼提出了一个幸福的公式：幸福＝遗传＋环境＋可控制的心理变量。遗传因素约占50％，环境因素和心理人格因素各占25％。心理是影响幸福感的重要因素，是每个人所能调控的变量，譬如乐观的、有信仰的、有创新的、宽容的、擅长交际的人就更幸福。

（一）物质财富与幸福

我们经常说“钱不是万能，但没钱万万不能”。“钱不是万能”，金钱买不到健康和幸福。有很多富豪，很有钱，却不见得幸福，反而比常人多了不少烦恼。但是，“没钱万万不能”。这个世界上很多的事情需要靠钱来解决，没有钱，在现代社会中是寸步难行。

有经济学家研究过财富增长与幸福感的关系。当我们处于贫穷的状态，食不果腹的时候。忽然别人送了自己一块面包，就会感到很快乐，如果别人再给一块，幸福又会再增加一些。但是第二块面包带来的幸福可能比第一块面包带来的幸福要小。当自己已经拥有了五块面包，已经吃得饱了，如果别人再给一块，会没有太大的感觉，第六块面包带来的幸福感几乎为零。如果当你已经吃不下时，别人硬要再塞给你几块面包，这些面包带来的幸福已经变成了负数。总体上说，人们在最基本的生活需要还没有得到满足的条件下，财富与幸福感正相关，收入越多，人们越幸福。但是在物质生活的改善达到了一定程度时，人们在增强自己的满足感方面，对物质条件的依赖可能会减弱。

我们看到，当财富增长到一定的程度，财富对于自己来说，只是一个数字，不会再带来更大的幸福感。我们也看到，许多自己觉得快乐幸福的人，本身并不拥有很多的财富，相反，不少富翁，却整天忧心忡忡。这说明，物质财富并不一定可以带来幸福。

具体到北欧国家和北欧人，他们的幸福显然与他们拥有的物质财富有相当大的关系，但是又不完全相关。之所以说他们的幸福关乎物质财富，这是因为北欧都是富有国家，正是因为具有雄厚的经济基础，他们才能实行高税收、高福利的政策。不管是富翁还是穷人，在这个社会中都可以得到基本的物质保障。这是他们幸福感的重要源泉。

但是，说他们的幸福又无关乎物质财富，是因为他们并不会为了尽可能多地获得物质财富而拼命工作，往往在休闲和加班面前，他们都不约而同地选择休闲，而非为了增加财富去加班。

（二）化学物质与幸福

据一些心理学家研究发现，人的个性与头脑中的化学物质有相当大的关系。有的人先天具有达观的倾向，而有的人则有抑郁的倾向。

因此，先天遗传可以影响幸福感，幸福感具有代际遗传的特点。很多心理学的研究已经证明，罹患抑郁症具有一定的家族遗传特征，得过抑郁症的父母生出的小孩得抑郁症的几率明显高于正常父母生出的小孩。这跟他们头脑中缺乏一种传递“快乐”的化学物质有关系。

因为不同年龄阶段，人脑中的化学物质会发生改变，所以年龄也会影响幸福感。据研究，人们的生活满意度随着年龄的增加而增加，但愉快的心情随着年龄的增长而稍微有点下降。到了中年，人的幸福感下降到最低点。而进入老年阶段，人的幸福感又会有所提升。

当然，天气也会影响人脑中的化学物质的平衡。每年的4～5月，是最容易患上抑郁症的季节。据说，北欧人患抑郁症的比率是世界上最高的，他们的年轻人的酗酒状况也最严重。这主要归因于他们特殊的自然环境，他们那里冬季漫长，长期缺乏光照，容易使人罹患抑郁症。

如果从头脑中的化学物质来看，相对于其他的民族，北欧人似乎与幸福比较绝缘，这与他们的地理位置和天气有关。然而，北欧人又是幸福的。看来，这需要从化学物质之外去寻求他们幸福的原因。

（三）社会因素与幸福

幸福在很大程度上受到社会因素的影响。例如，有研究认为进入和维系婚姻有助于人的幸福感。也有研究认为有信仰能使人更幸福，具有信仰的人比没有信仰的人更加幸福和快乐，更加坚强，身体更好，更为长寿，也更愿意与别人相处，自杀和得抑郁症的人也较少。这是因为所有宗教都宣扬爱人、宽恕和行善，反对酗酒、纵欲，强调内心的宁静。

但是，对某些社会因素，也有研究认为与人的幸福感没有多大关系。例如，人的受教育程度、种族和性别不影响幸福。没有证据表明这些因素对幸福有任何影响。学历高的受教育者并不比没有受教育的人更加幸福，智力水平也是如此。种族也不影响幸福，各种族都有幸福和不幸福的人。而性别也对于幸福没有影响，女性快乐和悲伤的程度方面都超过男性，所以总体水平上她们与男性的幸福程度是一样的。

有学者发现幸福指数高的国家都具备以下的特点：

1. 一个国家越是安定，幸福指数越高。拉美国家人民生活乐观，追求幸福，只要政局不像海地那样激烈动荡，生活又有一定的保障，就会感到很满足。

2. 一个国家贫富分化程度越小，其幸福指数越高。贫富分化容易使人心理产生不平衡感，甚至是攀比心理，而国家的福利保障制度越完善，人们的压力越小，其幸福指数越高。北欧国家丹麦作为一个福利国家，人民安居乐业，当然对目前的生活满足程度较高。

3. 一个国家，人们的生活压力越小，其幸福指数越高。美国虽然在经济上是世界最强大的国家，但是人们在生活中要承受较大的工作压力，排名就有可能偏后；日本、中国和韩国都属于东亚新兴工业化国家，只是工业化程度有所不同，虽然经济增长的情况比较好，但是人们在工作和生活中也要承受较大的竞争压力，因此排序就有可能更为偏低。

其中，这些影响幸福感的特征都和社会因素有关。对于北欧国家而言，贫富分化程度小，福利保障制度完善，人们的压力小，因此，他们的幸福指数在全球名列前茅。

（四）幸福是一种客观状态，也是一种主观感受

幸福需要有一定的客观条件，幸福的生活离不开一定的物质条件和社会环境。但是，幸福又是一种主观体验。幸福与快乐不一样。快乐是短暂的、被动的，与外界刺激有关。当外界刺激消失后，快乐也随之消失。但是，幸福感是稳定持久的，它可能是淡淡的，没有快乐那么强烈，但是，它历久弥新。每个人都有快乐的体验，但是并不一定有幸福的体验。

有学者指出，幸福感作为一种主观感受，主要包含三方面的内容：其一，它是人们对生活总体以及主要生活领域的满意感；其二，它是人们所体验到的愉悦感；其三，它是人们由于潜能实现而获得的价值感。

幸福是一种人生态度。同样存在很多问题的两个人，一个可能因为拥有一种积极进取的心态，正面看待问题，他获得的幸福感就很多；另外一个经常抱怨、负面地看待问题，便总是和不幸联系在一起。

北欧人的幸福也来自他们的人生态度。他们在面对困难的时候，选择以学习和创新的心态来加以克服。不管是富人还是穷人，拥有这种积极正面的人生态度和精神，就必定可以体验到幸福。

三、结语：思考北欧人的幸福密码

北欧人幸福，并不是说他们不存在问题。他们的社会仍然存在各种各样的不幸和问题。幸福是相对而言的，如果在面对问题和不幸的时候，可以用豁达的态度、开阔的心胸、积极正面的想法去回应，这何尝不是一种幸福呢？

北欧人的幸福，有他们的经济密码，这在于他们不必为生计忧虑，自有国家福利的保障。充裕的物质生活条件给他们带来了很大的幸福感。

北欧人的幸福，还在于他们幸福的制度密码。他们的幸福并不是朝不保夕的，而是每一项福利制度都被严格机制化，这大大增加了他们对未来的预期。

北欧人幸福，更在于他们幸福的文化密码。他们追求自己享乐人生，他们具备世界上最持续不断的学习和创新的精神，有着最清廉的政府文化。在这样的文化背景下，他们不可能不幸福。

第二章

北欧人为何如此幸福？——Welfare!

如果你去了北欧，你可能被北欧人“奢侈的”生活享受所惊呆。在北欧，人们走路像闲溜达，完全没有急匆匆的上班族身影；绿地和公园，随处可见嬉戏玩耍的孩子；一到下午5点，大部分城市除餐馆、咖啡馆、酒吧、夜总会等营业场所，其他所有的商店里都空无一人，没有人愿意加班。一个普通收入的单身母亲可以与三个孩子充裕地生活，并享受每月的外出旅游。

北欧人为何能如此悠闲与快乐？难道是他们拥有大笔的财富吗？但你可能难以想象，北欧人基本都是“月光族”。如果你去了北欧，也许你北欧的朋友还会向你借钱！不可思议吧？那么，既然财富不是北欧人幸福的原因，究竟是什么“灵丹妙药”有如此神奇的功能呢？那就是接下来会让你羡慕并可能嫉妒的北欧 Welfare！一个发达与追求公平的社会福利制度才是他们的快乐之源。

福利首先是同人的生活幸福相联系的概念。在英语里，“福利”是 welfare，它是由 well 和 fare 两个词合成的，意思是“好的生活”。而“好的生活”不仅指物质生活的安全、满足，更包括精神上的富有和快乐。北欧独特的福利制度演绎了北欧人幸福快乐的神话。

一、走进福利国家

一个人生活在福利国家，离幸福就不会遥远。随着时代的发展和社会的进步，人们逐渐认识到，为国民提供完善的福利，是每一个国家应尽的职责。经历了现代化浪潮的国家也纷纷打出“福利国”的大旗，旨在为人民谋福利。

（一）福利国家的由来及发展

“福利国家”一词总可以给人很好的想象，令人感到温馨。虽然这一术语是战后出现的，但可追溯到伊丽莎白时代的英国和俾斯麦时期的德国。1941年，英国大主教坦普尔首先创造“福利国家”这一概念，但当时并未对此赋予确切的含义。直到1942年，英国发表了由贝弗里奇主持制定的《贝弗里奇报告》，而后“福利国家”便逐渐成了一种以高福利为特征的社会制度或社会形态的代名词。战后资本主义世界出现的“福利国家”，基本上是按照贝弗里奇计划建立起来的。20世纪60年代开始到70年代初，福利国家制度迅速发展。其中瑞典、丹麦、挪威、芬兰等北欧各国的福利国家制度史堪称典范，纷纷建立起“从摇篮到坟墓”的无所不包的社会保障体系，成为典型的“福利国家”。20世纪70年代到80年代初，发达资本主义国家经济发展进入了“滞涨”阶段，福利国家制度一度陷入危机。90年代以来，包括北欧在内的西方国家都对福利制度进行了相应的调整和改革。

福利国家制度的萌芽——维持稳定与安抚人心之举

“福利国家”这个术语的出现是战后的事情，但现代社会保障制度的形成可以追溯到17世纪初期伊丽莎白时代的英国。当时的英国，由于“圈地运动”导致广大农民失地，同时商品经济迅速发展，获得人身自由的农民大量涌入城镇，形成流浪者群体，严重影响经济与社会稳定，最终促使伊丽莎白政府出台了1601年的《济贫法》。《济贫法》对无业游民实行政府救济和强迫劳动，以控制那些无法被雇佣并且可能引起动乱的穷人。这是政府对全体公民承担社会责任的开始，被认为是现代社会保障制度和福利国家的雏形。

俾斯麦时期的德国，成为建立现代社会保障制度的领头羊。19世纪80年代的德国正值统一后不久，必须紧急加强国力，同时必须安定社会，特别是稳定工人，其中一项主要措施就是建立社会保险，以安抚人心。1883年俾斯麦政府推出世界第一部《疾病保险法》，随后又出台工伤、老年等社会保险法，标志着社会保障体系的制度化开始。

福利国家制度的形成——《贝弗里奇报告》

20世纪30年代，西方资本主义世界的经济大危机，造成大批银行倒闭、企业破产、工人失业人数增加，整个社会陷入萧条。1933年，罗斯福就任美国总统，采取了一系列措施来摆脱危机，其中社会福利方面的措施影响深远，包括兴办公共工程，实行社会保险和社会救济等。1935年，美国通过了《社会保障法》，确立了以联邦政府为主导的、以解决老年人问题和工人失业问题为主体的全国性的社会保障体制。罗斯福执政时期，福利国家制度在美国逐步发展起来。

经济危机爆发后，原来占主导地位的自由市场理论已不能解释当时的经济现象。1936年，凯恩斯发表《就业、信息和货币通论》一书，认为国家应该采取主动措施，甚至通过财政赤字政策，大幅提高生活福利，包括提高工资标准和扩大社会福利，来抑制经济危机。凯恩斯的“积极国家”理论为罗斯福推行的政策提供了理论依据，推动了福利国家制度的发展。

“福利国家”这一概念是1941年由英国大主教坦普尔首先创造，但当时并未赋予确切的含义。直到1942年，英国发表了由贝弗里奇主持制定的《贝弗里奇报告》，而后“福利国家”便逐渐成了一种以高福利为特征的社会制度或社会形态的代名词。所谓福利国家，就是由国家立法而建立起来的比较完善的社会保障制度。《贝弗里奇报告》制定了一整套英国全体公民实行福利制度的指导原则——普遍性和统一性原则，在这一报告的指导下，英国于1948年率先宣布建成了福利国家。战后资本主义世界出现的“福利国家”，基本上是按照贝弗里奇计划建立起来的，贝弗里奇也因此被称为“福利国家之父”。

（二）北欧是福利国家的典型

现代社会福利国家形态众多，北欧的福利国和其他国家的福利制度相比较，有什么独特的地方呢？这需要我们去考察不同的福利国家类型。艾斯平·安德森将福利国家分为三类。

第一类是自由主义福利国家。主要是美国和英国等大多数盎格鲁—撒克逊国家。在自由主义福利国家里，崇尚自由竞争，国家对经济不会进行太多的干预。然而，市场经济有时也会存在失灵的情况。穷人阶层的出现，如果不能得到政府政策很好的应对，可能也会危及社会的稳定和国家政权。因此，这些资本主义国家对低收入阶层和弱势群体提供基本的社会福利，让他们可以正常生活。但国家只保持苛刻有限的给付，提供给社会最低收入阶层。在这样的社会中，穷人和富人的界限依然泾渭分明。美国人，永远可以在《福布斯》排名榜中独占鳌头，这里有不少富可敌国的富人，但是也依然有很多在生活贫困线上挣扎的穷人。

第二类是保守主义福利国家。主要是法、德、奥、意等欧陆国家。这些国家受强烈的保守主义和合作主义影响，延续俾斯麦传统，关心对现有阶级分化的保护，他们实行的福利制度与工作挂钩。保守主义福利国家受教会影响，注重保护传统家庭关系。但在保守主义福利国家，穷人也没有能够得到最大限度的保护，社会不公现象依然普遍存在。

第三类是社会民主主义福利国家。社会民主主义者不能容忍国家和市场、工人阶级和中产阶级的二元对立，寻求高标准的全民性的福利国家的平等，而非最低需求的平等。其福利水平在保证弱势群体权利的同时要满足中产阶级的品位。同时社会服务承担了家庭需求，最大限度地增强个人的独立性，含有点自由主义的味道。本章讨论的北欧福利国家制度属于第三类。

综合上面三类福利国家的形态，我们可以看到，北欧福利国的人们是最为幸福的。那么他们的幸福体现在哪里呢?

二、在这样的国家怎能不幸福?

作为发达国家中的后来者，瑞典、丹麦、挪威、芬兰这几个北欧国家，从 20 世纪 30 年代起，就选择了一条与众不同的所谓“中间道路”。自那时以来，这几个国家在实现了经济长期以来相对稳定、高速发展的同时，又实现了社会的和谐与稳定，创造了举世瞩目的北欧模式。不少人把北欧模式归结为“高福利、高税收”，并将这几个北欧国家看作是福利国家的代表，更有人因此把北欧模式归结为福利国家模式。

然而，正如上文所述，福利国家并非北欧人首创，英国、德国等的社会保障制度更为悠久。事实上，第二次世界大战后，资本主义生产方式进入了相对稳定的发展时期，为了缓和社会矛盾，保证资本主义生产方式协调运转，各资本主义国家既愿意又有能力建立起一系列社会保障制度，包括北欧诸国在内的几乎所有发达资本主义国家都宣称建成了“福利国家”。然而，为什么一提到“福利国家”，人们又往往情有独钟，只承认几个北欧国家为福利国家呢？到底北欧福利国家“福”到什么地步，又“利”在什么地方呢？

（一）生老病死，无所不包

与其他国家相比，北欧国家提供的各种社会福利范围更广，包括教育、医疗、养老、失业救济、残疾人救助、家庭和儿童保护等方方面面，可以说在北欧国家的福利制度下，居民的生、老、病、死都由国家“包养”。

以丹麦来说，一个丹麦人在未出娘胎前便已开始得到政府的照料，从给胎儿作检查直到出生，都是免费的。婴儿出生后，母亲必定有 6 个月的带薪假期，若是职业妇女，便由雇主付薪；若是不工作的家庭主妇，即由政府掏钱。这期间有国家护士们上门来看婴孩发育是否正常。小孩进育婴院或幼儿院，费用由其父母按自已收入高低而负担其中一部分，余者由地方政府负责。小孩在满 18 岁前，每三个月他的父母会收到政府寄来的“小孩费”，每个小孩每年可得约 1800 美元。这笔钱主要目的是给小孩换季添置新衣服。

孩子入学念书完全不用父母交学费。小学、中学、大学和各种专科学校一律免费，并且每天可享用一顿免费的餐点，大学生还可领学习津贴。18 岁成年后；大多数年轻人都喜欢搬离父母家，独自居住。这样，念书时若无钱生活，还可以向政府要求经济援助，或是借款，将来工作后才分期归还。

在社会上做事，各行业都有工会。具有和谐的劳资协商形式，并且有规范的社会失业救济制度，不但在失业期间可领失业救济金，专门的职业介绍所也会为他们提供就业资讯和职业培训。

北欧老年人没有靠儿女养和跟儿女住的习惯。丹麦的退休老人每月约得600美元，单身一人的可多得一些。如果一位老人在家不能自己做家务，政府会派一个“家庭助手”每天上门替老人打扫房间、洗衣洗澡等，热饭也有人送上门。老人到了真正不能自己照顾自己的时候，便进入老人院，全部由国家抚养终老。

医药制度也是由国家经营，全民公费医疗，看病只交挂号费。国家设有各种疗养院，以使那些天生或后天有残疾的非正常人能终生获得良好的抚养。

一个人死了，在教堂里举行葬礼的费用——牧师、唱诗、鲜花及棺材都是由政府代出，但如果死者家属要行特别仪式或是大事，那便要自费。

还有令人羡慕的是，在北欧，买房只是一个个人预算的问题，就和买车买电视机一样平常。如果申请住房贷款还可免掉数目可观的税，所以一旦他们有能力支付首付，就会选择尽快买房。以奥斯陆为例，最好的地段房价为每平方米6万～8万克朗，略远一些的为3万～4万克朗，是北京的1.5～2倍，而挪威国民的平均收入是中国人的8～10倍，这还不算政府补贴的各种福利等隐性收入或转移支付。实际上，北欧人不存在“买房难”的话题。

总而言之，北欧国家切实做到了幼有所托、学有所教、病有所医、老有所养，说北欧人享受的社会福利是“从摇篮到坟墓”，一点也不夸张。

（二）不让一个人掉队

与西欧国家的福利模式相比，北欧国家的福利制度是建立在普遍受益的原则之上，所有居民都被给予社会保障福利。现有居民无论是否曾被雇佣，达到一定年龄均可领取养老金，每个家庭都能得到政府提供的儿童津贴，甚至所有居民无论收入状况、社会地位及其他情况有何不同，均可得到尽可能好的医疗服务。北欧国家的妇女更为广泛地参与劳动市场，经济上无需依赖她们的丈夫。而西欧国家，人们遵循的原则是：绝大多数人都必须为自己谋得必需的福利，国家只援助或扶持少数不能或暂时不能自助的人。国家提供的社会福利和公共服务，如免费教育、免费就医、社会养老金等，都有非常明确的服务对象，即社会经济地位较低、收入较少的人。而在北欧，法律规定每一位公民都有享受社会福利的权利，关照每一位成员的福利是国家的责任。这里享受各种社会福利和服务的充分必要条件只有一个——你是本国公民。

挪威福利社会的基本政策是：使全国的公民在教育、医疗、生老病死各方面享有平等的待遇。政府替残障人建造有特别设备的房屋，使他们能有自己的家，过像正常人般的生活。例如，坐轮椅的人所住的房屋，屋里的厨房、洗澡间、厕所都是特别为他们而设计的，让他们能自己照顾自己；盲人得到政府发给他们经过特别训练的狗做伴侣，能自己上街，甚至出外工作。

北欧这种普遍性与追求平等的社会保障制度，着眼于让每个人都生活得安稳踏实，如果孔老夫子在世，恐怕都会慨叹遇见“不患寡而患不均”的知音了呢。

（三）“逼”你享福

北欧的福利模式具有国家的强制性，以政府财政为主体。而以美国为代表的绝大多数西方国家，社会福利的分配仍然以市场机制为主导，国家只起从属的、辅助的、补救性的作用。这点也使得北欧福利模式相比于美国的自由主义模式更为稳定，实现的福利效果更为显著。北欧国家的社会福利制度不仅仅是提供基本的生活保障，还包括国家对教育事业、科技研发的关注和支持。而美国社会福利开支大部分由私人部门支付，使福利制度的覆盖受到较大限制。

北欧国家的社会福利与保障项目都有完善的立法和执法基础，除由宪法规定每个公民的基本权益获得保障外，教育、养老金、医疗保健等具体社会保障项目，其目的、原则、标准和实施办法都有相应的法律法规作出明确规定。

与其他欧美国家相比，北欧国家被视为服务型国家，典型的例子是那些日托设施、幼儿园和养老院，以及地方政府组织的照顾老人或病人的场所。由此，北欧国家也开辟出一些新的工作领域，创造出大量就业机会。挪威的中央政府和地方政府雇佣的服务人员多达70万人，几乎占到全国劳动力总数的三分之一；其中专门从事社会照料工作的有8万多人，大致与挪威的农业人口持平，并将很快超过农业人口。在幼托和看护等福利领域，女性发挥了很大的作用，从而提高了女性的就业率和社会参与度，瑞典的国会议员中45.3%是女性。挪威人说：社会发展是机器逐渐取代人力，而节省下来的人力则用于照料人。

简而言之，在北欧诸国，国家在社会福利分配中扮演着非常积极、至关重要的角色，福利国家制度已经不是一种辅助性、补救性的政策，而是变成了基本国策。正因为如此，为了与其他也宣称建成“福利国家”的发达资本主义国家相区别，许多研究者都把北欧诸国称为“制度化的福利国家”，也有人称之为“真正的福利国家”。

（四）高税收——羊毛出在羊身上

天下没有免费的午餐，保障高福利的是高税收。北欧各国普遍税率较高，甚至超过大多数工业化国家，如税收占GDP的比重西欧平均为40%至50%，在瑞典这一数字可达53%。北欧各国从生产到消费的各个环节都要缴税，不仅生活中的消费税无处不在，一般为付款款额的25%，个人所得税之高更为世界公认，丹麦（62.3%）和瑞典（56.7%）高踞世界排行榜前两位。在丹麦，人们连婚礼、派对上接受的钱物都要如实申报，且金额超过1400美元即须按比例纳税。另一方面，北欧政府切实贯彻“取之于民，用之于民”的原则，政府的课税很高，但用于社会保障的支出也很多。所有税收大多数用于国民的福利，而不是用在公款吃喝、公车消费和公费旅游等行政费用上。20世纪50年代初，税收在瑞典国内生产总值中所占的比重仅为21%，到1988年时，其比重则上升到了55%，超过大多数工业化国家。而根据瑞典税务总局提供的数据，现在瑞典高达72%的税收都用于社会保障。

在如此重税和物价昂贵的社会里生活，以至于大多数家庭都是双职工家庭，尤其妇女的就业率非常高，难怪瑞典前首相班墨（Palme）曾说：“一个不外出工作的女人是社会的奢侈品。”

北欧国家全面性、普遍性、平等性以及高税收的“从摇篮到坟墓”的福利制度，无疑是北欧人得以如此幸福的重要法宝。生活在这样的国度，会不幸福吗？

三、北欧国家走上幸福路的共同特点

北欧国家有“世界上最快乐的国度”、“世界上最具竞争力的国度”、“最清廉的国家”、“最适宜居住的国家”等美誉，并被看作是“福利国家的橱窗”。那么为什么北欧人可以纷纷走上幸福之路呢？北欧福利国家具有哪些共同特点呢？

（一）小国一致

就社会基础而言，北欧各国具有人口基数小、社会同质性较强的特点。北欧五国之所以谦称自己是“小国”，主要是因为人口单薄。人口最多的瑞典900多万人，最少的冰岛甚至只有31万人。五国人口凑一起，只比我国台湾省的2300万人口多200万。另一方面，北欧已初步形成了“两头小，中间大”的橄榄形分配结构，中等收入群体占80%左右，基尼系数约在0.25～0.32之间，北欧是世界上收入差距最小的地区，城乡之间也不存在制度壁垒。只有在这种社会结构统一性的前提下，全民统一的社会福利政策才能得以顺畅地实施。

（二）经济潜力股

北欧国家虽地少人稀，但它们得天独厚，都有广阔的海域和漫长的海岸线，都有茂密的森林、丰富的矿藏、取之不竭的淡水等各种自然资源。据资料显示，芬兰仅森林资源一项就可供现有人口维持目前生活水平260年，瑞典有着和芬兰差不多同样丰富的森林，还有蕴藏量居欧洲第三的世界著名的优质铁矿，南部则有发展农业之利。丹麦地处波罗的海和北海之间，气候温和，农牧业发达，捕鱼量占欧盟总量的三分之一以上。挪威由于受北大西洋暖流影响，是世界三大渔场之一，它的西部海域有丰富的石油和天然气，目前是世界第三大石油输出国，有比中国大陆海岸线还长的海岸线。北欧丰富的资源为其经济发展提供了得天独厚的条件，从而为高福利政策的实施提供了必不可少的基础。

（三）人民当家作主

民主精神一直深植于北欧社会，例如公众参与、公众选择、公众决定的原则，构成了现代民主、现代福利国家制度的重要内容。在这种广泛的民主精神的影响下，北欧国家的统治者为了赢得人民的支持，就必须对人民表现出一些仁爱，关心人民的福利。在北欧，任何福利措施的出台或修改，均须经过全社会不同利益群体之间的讨论与博弈，最终取得共识，并以法律的形式加以确认。稳定的政党政治也为全面福利制度的实施确立了必要的政治基础。以瑞典为例，社会民主党长达44年的连续执政为福利国家制度的实现提供了稳定的政治环境，反过来又使福利国家和保障理念深入人心。各政党已达成共识，即使是发生政党轮替，至少在社会保障领域，不可能全盘否定，而只是在具体政策上有所调整。

（四）走“中间道路”

北欧制度化的福利国家始建于20世纪30年代。在1929～1933年经济大危机冲击下，这几个北欧国家也开始了大规模的社会改革。主要有三种改革方案：第一种是效仿北邻苏联，发动社会主义革命，彻底推翻资本主义制度；第二种是效仿南邻德国，建立强有力的国家机器，对社会政治、经济生活进行全面的独裁统治；第三种就是由在当时已先后取得执政地位的各国社会民主党提出来的、以当时瑞典社会民主党领袖阿尔宾·汉森的“人民之家”主张为特征的社会改革，即通过社会福利对社会财富进行二次分配来缩小贫富差距，进而达到消除社会矛盾的目的。

由于北欧国家长期以来奉行和平、中立的国际政策，不仅有助于社会稳定和财富积累，也为福利国家模式的选择提供了比较大的自由度，北欧国家选择了自己独特的改革方式，用美国记者马奎斯·蔡尔德的话来说就是，北欧国家走上了与众不同的所谓“中间道路”。

“瑞典模式”是北欧福利国家的典型代表。我们可以从瑞典福利国家的形成中窥见一斑。瑞典人口少，民族比较单一，几乎所有居民都讲同样的民族语言，并且全体居民绝大多数同属于路德教派，而且瑞典长期以来，实行和平中立政策，保证了和平的国际环境。瑞典又有较为长久的民主传统，1809 年欧洲第一部成文宪法废除了贵族特权，确立了议会民主制度，从而完成了瑞典从封建君主制向资本主义民主制的和平过渡，也因此，社会民主党和各非社会主义政党的力量得以均衡。早在 19 世纪 40 年代，瑞典就开始出现工会组织，工会组织化程度很高，在瑞典长期执政的社会民主党与工会相互支持、合作，但不存在领导与被领导的隶属关系。随着工会势力的发展，瑞典还成立了由企业主联合成立的雇主协会，它通常是保守党等的支持者。这样，工会、雇主协会和政府便成了瑞典的三大权力中心，三者相互斗争又相互协调，使瑞典成为西方社会民主主义传统很深的国家，也使瑞典成为一个“妥协的国家”。

四、幸福路上如何走远？

北欧国家以人口基数小、社会同质性比较强的特殊国情，丰富的经济资源潜力，以及北欧人长期以来的民主精神，再加上奉行中立路线带来的和平国际环境，走上了独具特色的福利国家道路。至20世纪70年代，北欧国家已成为福利制度的典范，被称为“西方福利国家的橱窗”。那么，北欧人是如何在他们的幸福路上越走越远的呢？

（一）经济实力股——“财大气粗才养得起人”

要运营如此“奢侈”的福利国家，不是哪个国家都可以做到的，北欧雄厚的经济实力才使政府有充足的财政支持。

战后至70年代初是北欧社会福利事业大发展的时期。冷战期间，北欧地区被东西方两大集团默认为缓冲区，使得这几个北欧国家得以在“中间道路”上我行我素。北欧丰富的自然资源则为经济的高速发展提供了坚实的物质基础，各国都善于利用上帝赐予的宝藏发展自己独特的产业，并在世界上占有一席之地。芬兰利用丰富的森林资源成为世界第二大纸张、纸板出口国，第四大纸浆出口国，以及重要的林业机械和船舶制造国。高科技信息产业也异军突起，诺基亚公司成为世界上最大的手机生产商。瑞典是北欧工业最发达的国家，尤以制造业闻名，它的采矿、优质钢、木材加工等都非常出色，有沃尔沃汽车、宜家家具、爱立信手机等世界名牌。挪威是西欧最大的石油生产国。丹麦是传统农业强国，农业科技和生产效率领先世界，农畜产品一半以上出口，坐拥北海渔场和波罗的海渔场，它也是欧盟最大渔业国和欧洲第三大石油输出国，它的嘉士伯啤酒和 ecco 皮鞋名扬天下。丹麦人自豪地说："我们最小，但我们做得最好。"

北欧各国的经济发展水平在 20 世纪五六十年代便先后超过了英、法、德等老牌资本主义国家，并跻身于世界最富有国家之列。这一时期北欧各国在原有的福利制度的基础上，在内容上不断充实和扩展，形成了被称为"斯堪的纳维亚模式"的福利国家制度，北欧各国也因此被称为"福利国家的橱窗"。所谓"财大气粗才养得起人"，经济的高速增长为福利国家的完善提供了雄厚的物质基础，也是高福利、高税收的福利国家制度得以维持的根本所在。

（二）高素质国民——"众人拾柴火焰高"

北欧高素质的国民教育使全民文化水平和整体素质很高。北欧政府十分重视教育，早在 19 世纪初就实行了义务教育，现在从小学到大学（私立除外）都是免费教育，对符合入学条件的外国留学生也不例外。挪威公众认为，教育和社会福利之间存在着联系，通过教育创造更多的社会附加值，能有效地改善人们生活的质量，实现资源和收入的更好分配，教育要让所有的人都受惠。只有 2500 多万人口的北欧，现有近 400 所高校，还有众多的在职培训和成人学习机构。北欧各国基本上做到了大多数成年人受过高等教育，绝大多数人懂两种以上外语，国家重视科研人才培养，企业重视人才培训。冰岛早在 18 世纪中叶就已消灭了文盲，实行 10 年免费义务教育，冰岛政府对教育的投入力度在 OECD（经济合作与发展组织）国家居于首位。而芬兰前总理利波宁也曾直言："芬兰从一个仰赖资源的国家，发展为仰赖知识的国家，就是教育和投资于研究发展的结果。"

北欧人有很强的创新意识和创新能力。瑞典人是温度计、体温表、扳手、轴承、电冰箱、手机、鼠标、牛奶分离技术和牛奶保鲜包装技术、安全火柴和酒精测试仪的发明者。沃尔沃汽车是公认的安全性能最好的汽车。丹麦人在天文学、生物学、气象学、解剖学和免疫学领域居世界领先地位，20世纪有12位丹麦人获诺贝尔奖。在科技创新力上，北欧五国遥遥领先。《经济学人》信息部（EIU）调查2002到2006年全球最具创新力的国家排行，瑞典、芬兰、丹麦分别是第四、五、七名。创新精神与创新能力已成为北欧经济保持繁荣的不竭动力。

北欧人热爱学习，只有517万人口的芬兰拥有各类图书馆3000家，人均图书占有率居世界前列。丹麦的大学更有一个很鲜明的特色——没有校门。没有城墙阻隔的大学与社会融为一体，整个丹麦就仿佛一个大的学校，图书馆、博物馆等，都是对社会免费开放的。北欧高素质的国民教育，因而也显示出较高的整体素质，形成了比较完美的社会精神文明风貌。北欧人普遍待人接物热情大方，乐于助人，彬彬有礼，遵守秩序，讲究卫生，北欧五国的社会也是相对安全和稳定的。

北欧人的高素质，还突出表现在法制观念和法律意识方面。纳税被普遍认为是理所当然的事，就像呼吸和吃饭一样自然，逃税一旦被揭发，此人一生的信誉将毁于一旦。努力工作是社会风气，如果一个健康的人不好好工作，而靠吃政府救济金，将受到社会鄙视。

所谓"人人为我，我为人人"，各项福利保障的有力实施也反过来成为福利制度得以维持的坚实基础。高素质的北欧国民，特别是自觉的纳税意识，是高税收、高福利政策顺利实行的重要保证。

（三）最廉洁政府——“俯首甘为孺子牛”

北欧公民对自己政治和福利经济体制的信任，不仅仅是实行这一体制的先决条件，还是确保所有公民都有权享受社会保障这一简单、透明体制效果的体现。北欧国家享有“最廉政国家”的美誉。自 1995 年起，“透明国际”每年发布的世界各国清廉状况排名，北欧国家清廉指数一直名列前茅，芬兰已连续五年被“透明国际”评为全球最廉洁政府。在 2010 年“透明国际”的全球清廉指数排行榜上，丹麦、新西兰和新加坡以 9.3 分并列第一。

北欧国家都实行“三权分立”政治体制，行政透明和公开，舆论监督到位，所以权力得到了有效的制约和监督，极少有公务员滥用职权、以权谋私现象。在北欧，官员每年都要公布收入情况，北欧的公共部门一切开支和每个人的收入都是公开的，所有档案都对公众开放，接受市民和媒体监督。在丹麦、芬兰、瑞典，出访团在外过夜算违规，公务员被请喝酒算受贿，腐败被认为是天理难容，也是非常羞耻的事。北欧国家严密的监督机制，使官员必须严格自律，一言一行都得十分谨慎，从而使得包括权钱交易在内的腐败行为不能得逞。政治的清明廉洁成为推动高福利体制得以高效运行的动力。

五、结语：没有穷人的天堂

北欧社会福利开支带有明显的“劫富济贫”的色彩，它实际上就是一种二次分配。其主要功能就是克服两极分化，缓和社会矛盾，增强社会凝聚力，实现社会和谐。北欧诸国花了这么多钱，效果如何呢？

“仓廪实而知礼节，衣食足而知荣辱”，2600多年前管仲的这句话，可以说在北欧得到了印证。在很多国家，许多人工作“向钱看”，追逐高薪工作，但在北欧，人们却是为了自己的兴趣而工作，做最让自己快乐的工作。在咖啡厅做兼职的玛丽安是一个大学生，她每个月都能领取政府发放的学生津贴，打工对她而言，不为赚钱，只为多结识朋友和认识社会。“我之前去过很多别的国家，了解到很多人还在为医疗和养老而担忧，而在丹麦这些都不是问题。”许多人都对北欧男人大加赞赏：“北欧男人经常挂在嘴边的一个词就是‘生活品质’，瑞典有句老话‘钱是可以储存的，而时间是不能储存的，你怎么花时间，决定了你一生的生活质量’。被房子、车子、票子充满的人生和被孩子、妻子、园子充满的人生，北欧男人选择后者。因为他们要的是品质，而不是物质。”

北欧人富裕健康的生活使他们对生活有更高的要求，高收入、高福利的社会制度，让北欧人从小到大衣食无忧，居家生活品质世界第一。高工资、高福利同样要求高效率，但北欧人绝不是让自己成为“工作的奴隶”。相反，他们总是绞尽脑汁，思考着如何让机器或工具多做一点，人少做一点，因此，北欧人有很强的创新意识和创新能力。仅以丹麦设计为例。尽管丹麦是北欧的一个小国，但它却以绝对一流的设计闻名世界。无论是工业产品还是手工艺品，无论是巨大的跨海桥工程还是风力发电系统，从小小的一盏蜡烛灯台到庞大的海轮，丹麦的设计堪称无与伦比。丹麦人以他们的认真与智慧创造了一种简洁、温馨、自然而富于人情味的人居环境。北欧人堪称是地球上最懂得生活的一群人。

曾到一位在丹麦生活的朋友家做客，发现桌子上一只漂亮的小盒子上用英文写着：把爱包裹起来。正好奇里面是什么，他却一脸幸福又神秘地贴近我的耳朵，“那是一个曾经放过一只安全套的小盒子”。我想他心中冒出的那份“幸福”，都要感谢丹麦那些设计幸福的人呢。

在北欧国家的高税收、高福利制度下，公民收入差距大大缩小，国人安居乐业，从而营造了安定、祥和的社会氛围。“没有人拥有太多，也没有人一无所有”。

有关研究资料表明，“一对瑞典夫妇均为一所小学的勤杂工，只能领取国家规定的最低工资，但从他们的实际生活情况看，无论从住房的而积、质量和家里的陈设看，都不比中国现在司局长级甚至有些副部级干部的生活差”。北欧国家这种通过政策调节的手段剥夺资本家阶层部分经济利益，用来进行福利调剂，提高中下层人民生活水平的做法，缩小了贫富差别，在某种意义上达到了“共同富裕”的效果，缓和了不同利益集团之间的矛盾，维护了社会的稳定。

富人们在缴纳高额税款的同时，也同样享受像穷人一样的高福利的好处，而最让富人们称心的是，他们高税收保障下的高福利社会，没有人担心会饿肚子，人们的生活压力都不大，这让瑞典的社会稳定，治安良好，犯罪率几乎为零。富人们敢于单门独户住在大森林里，充分享受与自然的融合，不用担心打家劫舍的绿林好汉。国家领导人大都比较平民化，经常安步当车，与普通大众一样上街购物。

在北欧，根本不能根据一个从身边走过的人的衣着外观来判断他的生活状况。一个衣着普通的人，也许是一家公司的老板；而一个衣着光鲜的人，也许是靠国家救济过日子的穷人。这个国家处处充满着一种人人平等的精神。“你不比其他任何人过得差，一个捡垃圾的可以和一个中产阶级为邻，可以同样骄傲地生活。”《中国日报》一篇关于“快乐是什么”的文章中，有这样一个事例：“扬·迪翁以捡垃圾为生，他给自己的快乐指数打 8 分。他说，他不介意自己的谋生手段，因为他每天只需工作 5 个小时，其余时间都可以与家人在一起。没人对他的职业评头论足，他热爱生活，因为他有很多朋友。每当看到孩子们向他挥手，或者老伴儿递来一杯热咖啡，他都感到无比快乐。”

约翰逊曾说：“为穷人提供体面的保障是文明的试金石。”北欧各国政府在社会福利制度中尽可能地贯彻公正与公平的治理理念，使社会上的弱势群体过上了较为舒适的生活，有利于推动社会的进步。

北欧国家是充满神话色彩的国度，这里有神秘的维京海盗，有唯美的安徒生童话，或许正是这样，北欧人也为自己筑建了一座神话的宫殿，创造并享受着他们的幸福生活。他们的幸福来自人人都觉得自己很富有，人人都可以怡然地享受生活，人人都可以洒脱地面对人生，而这些来自精神与心理上的满足感与幸福感，都离不开独具特色的北欧 Welfare。

第三章

瑞典：劫富济贫亦幸福

世界上有很多有趣的辩证关系，例如福祸、贫富、强弱和大小。我们一般认为，富、强、大是一体，而贫、弱、小则是一回事。然而，你听说过世界上存在这样一些国家吗？他们备受寒冷天气的折磨却幸福依旧，国土狭小却国民富裕，他们没有衣不蔽体的穷人，但也少见富可敌国的富人。瑞典，就是这样一个集这些矛盾于一身的国家。

瑞典是个小国，它的国土面积只有44万平方公里，人口只有900多万，比我们一个省还小，但它却是公认的世界上最富裕的国家之一。这里有世界上最完善的社会福利制度。这里的国民从来不需要为上不起学、看不起病、住不起房子而担忧。这对我们这些可能已经当了多年“月光族”、“房奴”、“车奴”或“孩奴”的人来说，确实值得羡慕。在瑞典，即使没有很高的收入，依然买得起漂亮的房子，因为他们不用存钱给孩子上学，不用积攒医药费，不用存钱防老。因为这一切都是免费的，自己不用埋单。瑞典是一个高福利的国家，也是一个高税收的国家。瑞典是世界上税率最高的国家，超过60%。收入越高，纳税越多。虽然瑞典国家富裕，但因高税收，富人们大半的钱都纳了税，因此，他们没有像美国那样，产生那么多世界级大富豪。事实上，在每年的《福布斯》排行榜上，几乎找不到瑞典人的影子。

有人说，瑞典是一个典型的劫富济贫的国家。果真如此，想必富人们会怨声载道，天天琢磨着游行示威，以维护“个人私有财产权”吧。然而，他们是周瑜打黄盖，一个愿打，一个愿挨。虽然富人们要缴纳很高的税收，但是，他们并没有逃税漏税，因为在他们看来，缴税是一种荣誉，是应尽的义务，是自己能力的一种证明。更为重要的是，富人们的这种“济贫”行为给他们保证了比较安定和谐的社会环境，富人们可以放心悠闲地享受生活。人们之间的关系很简单，不用互相猜忌提防。在这样的环境下，不管是穷人还是富人，他们同样都能享受幸福。

一、穷人也可接受教育

教育问题一直是我们的老大难问题。富人的孩子可以上国际学校，花钱做择校生。但是，穷人的孩子只有“千军万马挤独木桥”，靠优异的成绩才能进入重点学校，考入大学。什么时候，穷人也可以不必担心干瘪的钱包，自信满满地和富人一起上最好的大学呢？这在瑞典，不是一个遥不可及的梦想，而是近在眼前的事实。

（一）天下有免费的午餐

Jane的父母是中国人，在她还没有出生前就远赴瑞典开中国餐馆。作为一个华裔瑞典人，Jane从来不需要担心自己的种族会影响到接受免费教育，她的同学什么肤色都有，有白人、黑人，还有和她一样的黄种人。如果哪个学校因为种族问题拒收Jane，那么Jane可以控告对方违法。瑞典教育法规规定，每一个人不分性别、种族、社会背景以及居住地都要受到同等教育。瑞典是世界上较早实行义务教育的国家之一，目前教育普及水平在欧洲国家中名列前茅。学前班、义务教育学校和高中都是综合性的，接受所有学龄学员。高等教育主要以公立为主，旨在保证每一个人都能接受高等教育。成人教育是公共学校系统的一部分，它的职能相当于义务学校和高中，并能获得等值的证书认证。

最让Jane感到幸福的是，虽然她父母工作很不稳定，但是，她和她的父母从来没有为教育埋过单，为学费发过愁。那么，是谁给 Jane 付钱呢？在 Jane 接受中小学和大学教育的时候，是国家给 Jane 付了所有的学费。

如今，Jane 已经工作，收入不菲，早已“脱贫”，并加入了“小资”行列，但是，Jane 接受的成人教育依然是免费的，费用由政府或者雇主分担。瑞典终身学习得到发展的一个重要手段就是政府通过财政支持为成人学习提供多种形式的资助。瑞典共有五种成人学习资助形式：特殊成人学习资助、失业者成人学习资助、特殊教育经费、学习津贴、成人教育入学资助制度。这五种学习资助是由一个特定的机构中心即国家学生补助中心来管理。各郡的学生补助办公室积极地配合国家学生补助中心的各项工作。

Jane 是成人教育体制的直接受益者，Jane 一直都在接受政府的学习津贴。这种学习津贴主要拨给在大学、民众高等学校、市立成人学校或国立成人学校以及其他形式的高中后教育机构学习的学生。一般来说，享受学习津贴的人年龄不超过 45 岁。每月的学习津贴由 1984 瑞典克朗和最高贷款额 7137 瑞典克朗组成。

Jane 的弟弟 Jack 没有像 Jane 那样接受正规的大学教育。但是，Jack 并不发愁，因为政府对于相当于义务教育以及高中水平的成人学习提供一种特殊成人学习资助，因为 Jack 已经工作了四年以上，因此他有权利申请特殊成人学习资助。即使 Jack 在家照顾自己的孩子或服兵役四年，而没有真正去工作，也可视为就业。只是，特殊成人学习资助的经费有限，因此它必须优先考虑那些收入较低且未受过义务教育的人群。特殊成人学习资助是由津贴和贷款两部分组成。视个人情况不同，每个月的特殊成人学习资助津贴从 1645 瑞典克朗到 8045 瑞典克朗不等。而一个学生最多能贷款 2850 瑞典克朗。因为 Jack 家庭状况相对比较困难，因此，他每个月可以贷到 8000 瑞典克朗的津贴。

除此，Jack 还成功地拿到了成人教育入学资助。成人教育入学资助计划是在瑞典财政上支持终身学习的一项政策。这种新型的成人学习资助政策于 2003 年 1 月 1 日开始正式实施。瑞典政府实行成人教育入学资助，狭义的目的是为了把成人学习和成人发展政策有机地结合起来，从而扩大成人学习知识和发展技能的机会。广义上的目的是为了促进个人的发展、社会的民主、性别的平等、经济的增长、就业以及社会财政的平均分配。政府希望通过成人教育入学资助支持最需要接受继续教育以及有很强学习动机的人群，为他们提供经济上的资助，鼓励他们参加教育和发展技能学习的活动。成人教育入学资助是普通学习资助的一种补充形式，它不仅提供补助金还提供贷款。接受成人教育入学资助的人还可以继续得到普通学习补助。

即使 Jack 不幸失业了，也不至于失学，因为政府给他提供了两种选择。第一种选择是失业者成人学习资助。它也是为相当于义务教育以及高中水平的成人学习提供资助。为了享受失业者成人学习资助，学生必须处于失业状态并且至少要 20 岁以上。在失业之前，必须工作三年以上。失业者成人学习资助津贴的额度和特殊成人学习资助一样。

另一个选择则是特殊教育经费。它是一种新型的学习资助，开始于 1997 年的成人教育行动。它的主要对象是年龄为 25 岁到 55 岁、缺少高中教育的失业者。特殊教育经费相当于失业津贴，目前每月最高的津贴达 12780 瑞典克朗而且必须纳税。

Jack还可以参加一个终身学习社会参与的试点项目——成人教育行动。成人教育行动的主要对象是那些失业或没有完成高中学业的人（在瑞典必须完成三年的高中学习后才能接受高等教育）。它的主要目标是增加学生的自信、提高他们的就业率并且使他们利用更多的机会发展事业。

对于Jane和Jack姐弟俩来说，即使他们没有参加任何培训，只要他们工作或生活中遇到问题，他们总会在第一时间跑去图书馆阅读，寻求解决方案。在瑞典，全国有1500家图书馆，均提供免费借阅。

虽然成长在相对贫穷的家庭，但Jane和Jack在接受学习的过程中，一直享受着幸福无忧的生活。学习，对他们而言已经不是一种压力，而是一种幸福的生存状态。

（二）农夫、保姆也能上大学

只要你成为一个瑞典公民，你就拥有了接受教育的幸福权利。这里的教育是免费的。这里的残疾人也可以有尊严地接受教育。这里的农夫、保姆都可以上大学。这里有享誉全球的“学习圈”或“读书会”。这里可以跨越千里，进行远程教学。

在瑞典人的眼中，失业者并不是“失败者”。为了让失业者重新返回社会，瑞典建立了很多成人学校。一般来说，20岁以上的人能进入成人学校，没有特别的年龄限制。成人学校里面30多岁的人很多，有不少人曾经一度放弃了正规的高中和大学教育，后来改变主意，希望学习一门技能或语言，因此进入成人学校学习。

对于很多错过普通中学的人来说，瑞典政府很周到地为他们设置了民众中学。这是为照顾成人学习的特点，使学员达到九年制义务教育的水平而提供的。早在20世纪60年代，瑞典政府就颁布了《民众中学法》，规定学校是工会、教会、群众团体主办，由政府提供资助。另外，民众中学对师资要求很高，学习方式也灵活多样，学习科目非常详尽，学员对象也十分广泛，学习时间更是具有伸缩性。例如农夫中学是专门针对那些渴求知识的农民学员，唤醒学校针对的是学员的人文陶冶及精神需求。

中学毕业之后，公民还可以上民众大学。这是设立在瑞典全日制大学内的独立的成人高等教育机构，在训练政治和社会活动成员上起着至关重要的作用。民众大学大部分依然是免费的，大部分经费由国家资助。据有关学者统计，瑞典全国有12个学习联合会组织。在瑞典，函授学校、职业重新训练所通称为人民大学。这类教育组织遍及全国各地，开设各级各类成人教育课程，目的是提高民众的文化、情操和知识技能，形式也灵活多样，比如学习小组、开课、讲座、研讨会和发行出版物，这些都促进了学者与普通民众之间的联系，推广了新的研究成果。

Peter是一个没有接受过普通中学教育的人，他做过各种工作，他甚至还做过农夫和保姆，到了35岁时才想当一名教师。他说："在这个国家，像我这样到了35岁左右才知道自己想干什么的人有很多很多。"他为了实现自己做教师的梦想，先进入民众中学接受基础教育，后进入人民大学接受专业性教育。在学习期间，Peter没有感觉到任何经济负担，学校为他免去了学费，还支付给他生活的费用，Peter每天都能无忧无虑地参加培训。而最终，Peter终于出师，如愿以偿地找到了一份教师的工作，他不禁感叹道："生活在这样一个国家，我感到快乐，我觉得幸福就牢牢抓在了我的手中。”

1965 年，瑞典教育部长帕尔梅提出了一种更为灵活的教育制度——回归教育体制。在回归教育体制的要求下，1967 年瑞典政府出台了两项重要的成人教育改革措施：建立了由国家拨款的“市办成人教育”，它为成人提供重新回到学校学习基础文化知识的机会，而且政府还根据一定情况实施拨款；另一项措施是大力发展电视和广播教育，为了迎合成人教育机构的需求，提供适合成人学习的电视和广播教育节目。

1977 年，瑞典政府还实施了高等教育改革，规定工作经验可以作为入学条件，即年龄在 25 岁以上，并具有 4 年以上广义的工作经验（包括服兵役和当保姆）的人，不论其学历如何，只要基本的语文及数学能达到一定的水准，均享有接受高等教育的资格。上文中提到的 Peter，尽管他做过农夫和保姆，他也同样享有接受高等教育的资格。在这样一个重视教育的国家，不论在何时，Peter 总是可以向着自己的目标奋进！

为了使学习不再是一个孤军奋战的过程，而成为知识共享、情感交流的团体活动，瑞典政府苦心经营了为数众多的学习小组，我们也可以称它们为“学习圈”、“业余学习班”或“读书会”等。瑞典全国共有 30 多万个这种类型的学习小组，每年参加学习的人数可以达到约 200 万人之多呢。学习小组主要负责的是教授义务教育阶段的课程，也有部分学习小组可以教授大专院校课程，学员可以参加大学考试并取得相应的学分。特别的是，学习小组对师资没有特殊的要求，一般没有专职教师，学员们以“相互学习，能者为师”等较为轻松的学习方式为主，而他们的目的，就是相互交流、增长知识和解决实际问题。因此，学习小组的课程是根据学员的共同兴趣需求安排的，学习时间也以业余时间为主，学习地点一般设在社区图书馆、中小学教室等公共场所，没有固定的教育场所，学员们大可以在自由、轻松、惬意的环境下，互相沟通，教学相长。更令人舒心的是，学习小组的经费由中央政府、地方政府和学员按照 5：3：2 的比例共同分担，这样一来，学员们在费用上，就几乎感觉不到什么负担了。

另一方面，现代科技的发展也为瑞典居民接受远程教育带来了福音。即使在穷乡僻壤，远离喧闹的都市，只要借着一部笔记本电脑、一根网线，就可以畅通无阻地接受大众成人教育。20 世纪 90 年代中期，瑞典的民众中学和学习协会共同开发了由网络支持的远程教育。1996 年，瑞典建立了大众成人教育网。这种开放性的、数字式的、虚拟的网络教育模式对所有学习协会和民众中学开放，进一步扩大了瑞典远程教育的规模。与此同时，瑞典国家成人教育委员会还相应推出了有关网络支持下远程教育经验方面的文字报告《大众成人教育网》、《大众成人教育和灵活学习文集》等并将其翻译成英文，这样一来，越来越多的人可以从中获益。除此之外，瑞典政府还建立了大学网络联盟，并以立法的形式保障远程教育机构的地位，还给予相应的经费资助，学员们的学习利益得到了多方面的保障，人们不论何时何处，都不必担心学习问题了！

（三）你没有不接受教育的权利

当地球上大多数人还在为获得平等接受教育的权利而斗争的时候，在严寒的北国之乡——瑞典，你想不接受教育都不行。接受教育对于每一个国民来说，已经是万事俱备，只欠东风。只要个人扬帆起航，就可以轻而易举地吹响幸福教育的号角。

在瑞典，任何一种形式的民众学习活动一经出现，议会就会紧随其后为其立法。因此，瑞典关于教育方面的立法简直如汗牛充栋，这给国民接受良好教育打下了扎实的法律保障。比如《教育休假法》规定所有雇员都享受教育假，学员在学习期间能以多种方式得到资助。

终身学习体系的构建并不是一个自发、自然的过程，它必须依靠法律法规的强制规范。从20世纪六七十年代开始，瑞典陆续颁布了许多有关终身学习方面的法规，形成了一套内容丰富、互相衔接、便于操作的法律体系，从而有力地促进了本国终身学习的发展。比如，1990年，在《与知识一起成长》的法案中，瑞典政府进一步重申为早年未接受过义务教育的成年人提供教育机会。该法强调把基础义务教育、市立成人教育等机构相结合，创造出一个完善的成人学习体系。1997年，瑞典在《普通成人教育法》中规定了发展普通成人教育的目的是增加个人公民意识、加强社会民主以及发展本国文化。

在已有法律的基础上，为了满足社会变化和进一步激励人们终身学习的需要，瑞典政府在2000年颁布了《成人学习和成人教育未来发展法》。该法主要包括三方面的内容：成人学习的目的，建立以终身学习为特征的成人学习措施，增加成人学习的经费以及不同类型成人学习的发展措施。这个法案标志着瑞典终身学习政策方面已具备了完善的法制体系。

所以说，在瑞典，接受教育也是由法律引领的一种大趋势。45 岁的 Tomson 一度失业，在政府的资助和督促下，他坚持学习，很快如愿以偿找到了一份新工作。正如他所说："如果你想待在家什么也不干什么也不学，你马上就会被身边的那股学习氛围感染到窒息，你想不接受教育都不行！"

二、"从摇篮到坟墓"的福利政策

瑞典人引以为荣的台词常常是："在瑞典，不存在一个贫穷与无家可归者。我们享有从摇篮到坟墓的终身福利制度。"但瑞典的福利政策并非从天而降，瑞典人的幸福之路也是崎岖而漫长，经过艰苦的努力，才达到今天的状态。80 岁高龄的学者 Johansson 亲自见证了这段历史。他讲述道：

> 我爷爷是个农民，也就是 100 多年前的时候，瑞典还是欧洲最贫困的国家之一，全国 75%的人口是农民，绝大部分生活清贫。当时也立法扶助底层贫民，但几乎看不到什么成效。1929 年，受经济大萧条的冲击，失业率高达 30%。我父亲也受到这次经济大萧条的冲击，他失业了，他还参加了当时的反失业、反饥饿的群众运动。1932 年，社会民主党以"人民国家"为口号在竞选中获胜执政，用公债兴建公共工程、展开大规模工会与雇主谈判等办法，大大化解了劳资矛盾，使瑞典成为当时最平静的国家之一。
>
> 大萧条使政府意识到，工人和平民最害怕的不是失业，而是失业后的生活困窘，如能制定出一套行之有效的福利制度，失业人群就不会陷入窘境，

也就不会产生巨大的社会矛盾。

所以，我这一代的人非常幸运，我们开始享受到国家的福利政策带来的幸福生活。1963年，《公共保险法》要求人们将退休金、养老金、疾病保险、父母保险、工伤事故保险和失业保险等合在一起，统一交给国家社会保险局管理。同时，基于经济增长不仅仅取决于财富的创造，更取决于公平的分配，不能在积累后再考虑分配，而是在一开始就要将二者结合起来的认知，从战后到上世纪80年代初，伴随着经济的快速增长，社会保障体系逐渐完善起来。

如今，瑞典的福利政策闻名世界。福利制度在一定程度上是一种把贫富“拉平”的政策，它推动了经济发展和社会进步、维护了社会稳定、提高了人民生活水平，使人们一步步体会到“幸福”的含义。

瑞典的福利令人艳羡，说是“从摇篮到坟墓”一点也不夸张。Ivan刚出生时，她母亲在家看顾她，还有薪水拿，她父亲请假9个月没有上班，是个十足的称职“奶爸”。现在Ivan快16周岁了，她的父母还可以得到生活津贴。Ivan享受完九年义务教育之后，想继续学习可以得到学习津贴，生病可以享受病假补助，医药费和医疗费大部分由国家负担，失业可领失业救济金。

Ivan的奶奶已经72岁了，她从65岁开始就领取保障养老金。在瑞典，保障养老金是人人有份且数额相同的，保障了公民的基本生活需求。人们可以以其一生收入的多少和纳税情况，领取附加养老金，促使人们终生努力工作。按照法律规定，虽然 Ivan 的奶奶 61 岁就可以退休了，但她还是选择到了 67 岁才退休。

一位瑞典人因病在家休养，他没有为医疗费犯愁。因为他享有完备的医疗保险。他自己支付了部分的医药费，但是，其他部分都是国家帮助他支付。瑞典规定，医药费一年不超出 900 克朗时，完全由个人支付，超出部分可享受 50%～90%的补贴；若超出 1800 克朗，超出部分则完全由国家承担。他现在生病赋闲在家，没有去上班，但他依然可以拿到一定的补贴。瑞典规定，职工生病后，第一天无工资，其后 13 天的病假工资由雇主支付；第二至第三天为原工资的 75%，第四至第十四天为 90%，14 天以后则由公共医疗保险基金支付，补贴额视生病时间长短，为原工资的 75%。这样一来，职工即使生病在家，也可以无忧无虑地养病，不必担心生计问题了。这对于我们这些“病不起”的人来说，简直像在做梦一样，但是对瑞典人来说，这可是实实在在的事情。

如果某个瑞典人失业了，他可以领失业救济，为原工资的 75%，有了这个缓冲，就算失业了，生活还是可以继续，而不必搔头皮烦恼了。

瑞典人认为享有良好的居住环境和宽敞的住房条件是国民的社会权利。一直以来，瑞典政府大力改善国民的住房条件，实行了完善的住房政策。瑞典政府积极减少住房短缺的情况，为了建设更多的住房，他们大力开拓投资渠道，除了政府直接投资外，还有合作社投资和私人投资。经过政府的努力，国民的住房空间水平有了很大的改进。政府希望将房屋造价降低到使收入一般的家庭能够租到足够大且设备齐全的住房。对中低收入家庭来说，他们获得住房的主要方式靠政府投资建房和合作社建房。这种福利对我们这些“房奴”来说，可以说是连做梦都不敢想的。而瑞典人，确实就生活在这样一个大环境下，令人羡慕。

从所有制看，瑞典90%以上的企业都是私有制，但与其他资本主义国家最显著的不同，就是瑞典的企业须上缴更高额的税款。正是这个不同，让瑞典人可以过上更加平等和公平的生活。瑞典政府可以通过税收和福利的杠杆，让财富从富人那里转移到穷人手中，从而让全民都可以过上丰衣足食的生活。

对瑞典来说，日常生活除了要缴纳个人所得税、利息税、遗产税外，几乎任何经济活动都要缴税。政府充分利用这些税收为来人民谋福利。不管是穷人，还是富人，对这样的体制都很认同，因为，他们无论贫富，都可以从这个体制中得到利益的保护。

（一）没有奶粉钱也养得起娃

儿童就好像早上八九点钟的太阳，朝气蓬勃，是国家的未来和希望。国民的素质，主要取决于国家如何培育儿童，帮助他们增进身体和心理的健康成长。因此，每一个国家都非常重视儿童的教育。瑞典，作为典型的福利国家，其福利制度也非常突出地体现在儿童福利上。因此，瑞典素来有“儿童天堂”之称。

在欧洲各国中，瑞典是人口出生率最高的国家之一，据说平均每个妇女生2.4个孩子，也是学前儿童母亲在职率最高的国家，高达90%。

作为瑞典儿童，无疑是幸福的。政府通过很多政策法规和服务来促使儿童生理与心理的发展。具有如此完善的儿童福利，这些儿童不论出身如何，都可以站在同一起跑线上。这里的儿童，不会因为出生在贫困家庭就上不起学，不会因为父母双盲就失去生活保障。这里的儿童不会被人贩子拐卖，不会被人逼迫在街头卖艺，流离失所。只要成为瑞典公民，他们生而注定可以享有幸福的童年，接受完好的教育，一生可以衣食无忧。

Robert 刚出生的时候，他的父母面对众多的保险品种，着实被好好地进行了一次扫盲。“我们非常开心地发现，我们可以领父母保险、儿童津贴、家庭津贴、教育补贴和健康照料费，我们也是花了不少时间才弄明白这些保险的具体内容。”

首先值得一提的是瑞典的父母保险制度。做瑞典儿童的父母，真是幸福，生小孩有一个长长的假期，这是给孩子和父母的最好礼物了。瑞典自 1974 年开始实施父母保险制度，即给予父母双方带薪假期以照顾孩子，并且承诺能重回原工作岗位或类似的岗位。Robert 的妈妈分娩前就享有最多 270 天的生育津贴。她在生孩了一个月前开始休假，并领取产假补贴。根据规定，自 2002 年起，瑞典父母津贴发放时间总共为 480 天，可以在孩子出生或被领养当日起至孩子年满 8 岁期间的任何时候申领。480 天中的 390 天，父母可以得到的补贴由请假而损失的工资折算，津贴为该从业者总收入的 80%以上（最高限额以下，2004 年父母津贴的最高限额约为每月 2.4 万克朗，1 克朗约合 1.07 元人民币）。在余下的 90 天即 3 个月中，每人每天的津贴为固定的 60 克朗。无收入的父母在 390 天内的津贴为每人每天 180 克朗，90 天内依然为固定的 60 克朗。

瑞典政府的儿童福利对很多特殊情况也考虑得非常周

到，例如，对于多胞胎的父母，政府给予额外的补贴天数。如果哪一个家庭收养了一个儿童，也和其他的父母一样享有这些假期。养父母在收养10岁以下儿童后，至少可以休假6个月，在家照顾儿童使其适应环境。

为了让父母可以更好地照顾儿童，瑞典政府从1980年起，规定凡有12岁以下儿童的父母，每年可请假60天照看孩子，并享受临时父母津贴；有一岁半以下儿童的父母，每天可工作6小时或全休；有8岁以下儿童的父母，可将其工时每天减少四分之一。

生了孩子之后，瑞典的父母不但有父母保险，还可以在儿童出生之日起得到儿童津贴，直至16岁。目前瑞典儿童津贴每月约为1000瑞典克朗。为了防止通货膨胀的影响，儿童津贴还会根据物价上涨情况进行调整。在瑞典，有三个以上子女的家庭还可以享受到儿童附加补贴。

对于那些遭遇父母分居或病逝而生活困难的儿童，国家每月提供一定补助。如果孩子的父母一方或双方去世，18岁以下的孩子可以得到儿童抚养金（也称儿童年金），与此同时，仍保留有享受其他津贴待遇的权利。此外，还有一种“寡妇补贴”，即当丈夫去世后，寡妇要继续照顾同她居住在一起的16岁以下的孩子时可以领取此项补贴。在瑞典，房租是家庭的主要开支之一，原则上地方当局根据居民家庭情况向低收入者和多子女家庭提供一定的住房补贴。

瑞典首都斯德哥尔摩市政府主管儿童事务的卡丽娜·乌德勒普曾说，瑞典幼儿园主要有三种形式。第一种是由地方政府开办的公立幼儿园，这种幼儿园在目前斯德哥尔摩1000所幼儿园中占近65%；第二种是私立幼儿园；第三种是家庭幼儿园，由具有法定资质的女性承办。后两种形式的幼儿园虽然在数量上只占35%，但已成为公立幼儿园的重要补充。他说，无论哪种形式的幼儿园，地方政府都予以财政支持。现在斯德哥尔摩市政府一年平均要为每个入托儿童承担10万瑞典克朗费用，家长承担的费用很少，而且还会考虑家长的收入状况。

除此，瑞典儿童还享有很好的健康照料。Robert的妈妈刚刚怀孕的时候，就开始定期到母亲保健中心进行保健，这样的保健中心在全国各地都有。Robert的妈妈所享有的产前产后护理都完全免费，她住院分娩期间也不用缴付任何费用。

瑞典的学龄前儿童及中小学生病了，可以到儿童保健中心和校卫生所看病，这非常方便，也是免费的。10岁以下儿童住院，孩子的父母去看望，每周至少还可以报销一次路费。如果父母因照看残疾儿童而不能工作时，国家提供其相当于提前退休金的补助，并规定在家中要照顾16岁以下伤残儿童的父母，可以领取儿童照料补助，儿童12周岁之前父母每年最长可请4个月假照顾病儿，待遇如同休病假。16岁以下儿童住院治疗完全免费，到公立医院治疗牙病完全免费。对于一般的病人而言，去医院看病只需付55～70克朗挂号费，其他都是免费的。

通过完善的儿童保障体制，瑞典儿童及其家庭就没有什么后顾之忧，可以自由自在地过着幸福的生活。

（二）无儿无钱亦可防老

瑞典在20世纪60年代构建起普享型养老金体系，被誉为“福利国家的橱窗”。

根据瑞典法律，子女和亲属没有赡养和照料老人的义务，赡养和照料老人完全由国家来承担。瑞典老人一般不与儿女住在一起。目前，瑞典老人与子女住在一起的比率，女性是4%，男性是1%，是世界上比率最低的。

近年来，瑞典60岁以上的人口大大增加，且健康状况大为改善。为了解决老年人问题，一方面，瑞典政府大力提倡观念上的转变，鼓励老年人延长工作年龄。老年人可以发挥经验丰富、有耐心等优势，从事适合其年龄段的工作，继续为社会作贡献。从全社会对老年人的关怀角度上来看，让老年人工作也是一大进步，有利于老年人通过劳动来保持年轻状态。瑞典2003年公布的政府《今后高龄者政策审议会意见》中，提出要鼓励作为人才的老年人继续贡献于社会。近年来，老年人就业率大幅度上升。据统计，男性就业率，61岁至64岁的为61%，65岁至70岁的是14%。

另一方面，瑞典实行全民养老制度，普遍保障和社会保险相结合。瑞典政府通过发放基本养老金为养老提供经济保障。国家对于所有65岁和65岁以上的公民，以及享受互惠协定待遇的外侨，一律发给国民养老金，养老金随物价指数的升降作相应调整。瑞典还为全体老人提供许多减免待遇和生活便利，如乘公共汽车只收取80%的费用，政府聘请专职护士为行动不便的老人上门服务等。

瑞典为所有低收入退休者提供住房补贴，保证了所有退休老人都能拥有住房。政府还建造老年公寓。

瑞典老人可以选择居家养老、养老院养老和老人公寓养老三种养老形式。不过，最受欢迎的还是居家养老。统计数据显示，截至2007年年底，斯德哥尔摩市65岁以上的老年人共有11.2万，占全市总人口的14.2%，其中继续居住在自己家里颐养天年的大约为10.27万人；住在疗养院或养老院的有 6400 人；此外还有 2900 人居住在随时能得到服务的老人公寓。为了帮助老人的日常生活，地方政府在全岛设立了 4 个家政服务区，为老人提供个人卫生、安全警报、看护、送饭、陪同散步等全天候服务。

很多没有生活自理能力的孤寡老人，一般会选择去养老院养老。一般一人一间房，这里的工作人员都经过专门培训，熟悉老年人的心理和生活习惯，为老人提供周到的服务。

瑞典省级地方政府为老人提供的医疗服务保障，使人们在退休后仍能像以前一样享受近乎免费的医疗服务。老年人在公立医院或牙科医院治疗看病免费。患慢性病需要长期护理的老人，享受家庭护理，由本地区医护人员负责，由一名家属或一名保健助手协助，国家发给家庭护理补助费。此外，瑞典还为老年病人和残疾人设有康复中心。

因此，瑞典老人晚年生活大多非常幸福。

（三）不必担心毕业就失业

瑞典大学生没有“毕业即失业”的生存压力和心理担忧。经过长达半个多世纪的不断调整、补充和完善，瑞典现已逐步形成了一套行之有效的促进就业长效机制，来保障人们的幸福生活。

在瑞典人的眼中，失业者并不是失败者。如果一个人不幸失业了，那只是一个机缘巧合的问题，并不能说明那个人缺乏能力，人们对失业者没有不好的印象，失业者本人也不会有特别的羞耻感。

失业并没有给失业者本人带来不幸，也没有剥夺他自我的尊严和成就感，这得益于他们社会对失业问题的宽容以及完备的失业保险。应永胜的一篇文章对此有详细的介绍。

近两年来，受世界金融危机的影响，北欧国家的失业率均有较大幅度的上升。2010年欧理事会公布的一项最新报告显示，瑞典年轻人失业率高达29%，居北欧国家之首。芬兰、冰岛和丹麦年轻人的失业率也分别高达27%、16%和13%，15至24岁的年轻人失业率上升幅度尤为明显。

如果失业了，可以享受瑞典的失业保险。失业保险费用主要由雇员、雇主和政府三方负担。失业保险金来源的95%是政府从雇主那里征收的，5%来自基金会员的费用和其他形式的收入。

瑞典有几种不同的失业保险项目。第一种是自愿保险项目，这个项目采取的形式是国家资助，工会主办，个人自愿参加，由工会或自我雇佣者组织成立失业保险基金会，向失业者提供失业保险金。凡是参加了工会，或自我雇佣者组织的失业保险基金会的雇员，或自我雇佣者愿意，只要年龄在65岁以下的都可以参加自愿保险项目。在瑞典，90%的蓝领工人和88%的白领职员都参加了工会。一般情况下，工会会员参加失业保险基金会是强制性的，但也允许某些产业的雇员可自愿参加失业保险基金会。对于普通收入劳动者来说，在加入工会的同时也就加入了这种基金会，而不需再办理其他手续。从失业保险基金会中领取失业津贴的人必须是参加该基金会的成员。工会的会费一般仅为工资额的5%，但失业津贴主要来自政府财政补贴。

如果国民没有参加自愿保险项目，他还可以拿到劳动力市场失业救济项目，这是由政府部门主办和实施，为那些未参加失业保险的人而设置的劳动力市场现金救助。

职工还可以自愿参加失业保险社，未雨绸缪，自己一旦失业，有一个团体的支持与依托。瑞典的失业保险社是由工会建立的行业组织，接受劳动力市场局的监督和津贴。

一个参加了自愿保险项目的失业者，可以享受一周支付5天的失业待遇，每次失业最多支付300天，55～64岁者可支付450天。自愿保险项目的失业保险待遇为原工资的75%。一般根据雇员的工资等级而确定具体金额，最低为一天230克朗，最高不超过一天564克朗。但是，自愿保险项目的失业待遇要纳税。

参加失业保险社达12个月以上，在失业前的一年内至少工作了5个月，不是自愿离职或因行为不端而被开除者，可以领取失业救济金。但是，对于拒绝接受劳动管理部门介绍的合适工作而无充分理由者，因罢工或其他劳资纠纷而失去工作者不能领取失业救济金。失业救济金的给付是有时间限制的，一周约计5天，55岁以上失业者最多可领450天。领取失业救济金有5天的等待期。

瑞典历届政府多年来一直把充分就业作为施政的主要目标，推行积极的劳动市场政策，并且为失业职工开展培训。

在瑞典，失业者可以到职业介绍所登记。目前，瑞典全国共有32家职业介绍所，提供的所有服务都是免费的。那里的专业服务人员会对失业者进行一次职业指导，帮助失业者制订寻找工作的计划，共同为失业者尽快找到工作而努力。失业者还可以通过打电话向职业介绍所求助，或者通过网上服务得到帮助。

若失业者长期找不到工作，职业介绍所还会找专业人员如心理学专家、医生等来进一步帮助失业者。

为了扩大再就业，政府还建立了一套再就业的财政补贴制度。如果企业按条件雇用了那些在职业介绍所挂了号的长期失业者，就可以从政府领取一定比例的补贴，叫做雇工补贴，然后再以工资的一部分发给受雇者。如果失业者自己开办公司，并认为具有财政上的可行性，而且能创造长期的就业机会的话，就可以从政府拿到一笔相当于失业救济的创业补贴。另外企业雇用徒工时，可以不支付他们的工资，将通过从政府领取相当于失业救济金额的徒工补贴来解决，领取的时间一般不超过 6 个月。迁移补贴鼓励失业人员跨地区找工作，以增加劳工市场的人员流动性。

三、要天才还是要平等

瑞典是很多天才诞生的国度，我们知道，诺贝尔奖就是瑞典人设立的。现在，瑞典已经成为诺贝尔奖的代名词，代表着现代科学技术的发展方向。然而，在这样一个盛产天才的国度，却不以培养天才为己任。他们的教育，不是为了培养天才，而是为了提高整个社会的国民素质，不让任何一个人掉队。

早在儿童幼儿园时期，瑞典人就会有意识地安排一些年龄大的学生和年龄小的学生在同一个班级，培养他们照顾弱小的精神。孩子在一岁多时就送进幼儿园，这样更加方便他们培养独立自主和团队合作的精神。一位家长说："我们都想办法尽可能早让孩子上幼儿园，不用担心孩子还不具备独立生活的能力，因为他们在幼儿园可以得到大孩子的照顾。大孩子会帮我们的孩子穿袜子、戴手套。这样，孩子自己就学得很快。他们再稍微大一点，也能帮助比他们更小的同学。我儿子昨天很高兴地告诉我，他们幼儿园来了一位比他更小的小朋友。我想他很喜欢做哥哥的感觉吧，想到他也可以照顾比自己小的小朋友了，他感到很高兴。”

孩子上了小学，瑞典人会认为孩子已经长大了，应该自己学会处理生活中的很多问题了。因此，孩子不仅仅要学习一些科学文化知识，更重要的是，要学习一些生活技能和生存技巧。瑞典人并不认为孩子大了自然就知道这些，而是认为这些生存知识的普及必须从小抓起，这样孩子才不至于成为“高分低能”的人。在课堂上，他们突出培养孩子的动手能力，课程安排中有不少实用课程，例如木工、铁工、纺织等。据说这些课程加起来的总学分甚至要超过物理、化学、数学等理论课程的学分。这是他们强调学以致用的表现。他们还非常鼓励孩子锻炼身体，良好的身体健康是成功的基石，因此，体育课是非常重要的课程，如果学生自己组织体育活动，学校还给学生发相应的补助金。

孩子学习的内容不仅仅在课堂，更在课堂之外。小学的老师经常领着孩子们去“逛街”，教孩子们怎么管理和使用钱，怎么买东西，到银行怎么走，怎么从银行取款机里取钱，去警察局怎么走等等。他们是在一边玩耍的过程中一边学习，这样孩子们就兴趣盎然，不知不觉学会了很多实用的东西。为了增加学生的学习兴趣，瑞典小学三年级前是不考试、不留家庭作业的，直到五年级才有考试评分。一位瑞典的老师说：“我认为孩子小的时候最重要的不是要学到一些什么具体的知识，而是要培养对学习的热爱的精神。所以，我们不给孩子考试和家庭作业的压力，他们边玩边学习，在探索世界的过程中，他们感到兴奋，感到自己很有意义。这就已经足够。只要孩子有了兴趣，学习具体的科学知识也就不成问题了。因为没有考试，孩子们也没有考试的概念，没有在学习中进行比较的概念。他们会纯粹为兴趣而学。实际上，有时候很难用成绩去比较学生，每个学生的特长不一样，如果他们某一门课考试考得不好，可能会令他们觉得自己不好，损害他们对自己的信心。因为他们还没有足够的分析能力，还不会告诉自己虽然这门课不好，但另外的课程会比较好的。所以，我们需要等他们具备这种分析能力之后，才有考试。”

除了培养基本的动手能力外，瑞典的小学还非常重视对孩子助人为乐、照顾弱者的精神的培养。他们会有意识地安排普通孩子和残疾儿童班的孩子一起交流和工作，也会有意识地让孩子跟不同群体的人接触，例如陪老人聊天等等。通过这样的方法，增加孩子的社会经验和互相协作的精神。

瑞典的孩子通常很小就开始学习理财。家长们会鼓励孩子自己去挣点钱，体会挣钱的感觉。例如，孩子可以把家里的废旧物品卖掉，可以自己动手做一些东西获得劳动报酬。一位小学三年级的学生，他把自己看过的故事书、漫画书和用过的DVD全部集中在一起，分门别类，卖给别的小朋友，挣到了他的第一笔钱。他感到很兴奋，很有成就感。他的父母就教他如何去银行把这笔钱存起来。他说：“我还可以干很多其他的事情，去带小孩子，去卖东西，我要挣更多的钱，然后把钱用来买基金，进行投资。”在瑞典，孩子很小的时候就知道了投资的概念，因此，他们的财商很发达。这归功于从小的锻炼。小孩到初中，就开始想着不再花家里的钱，要靠自己的劳动来养活自己。瑞典的公社也给孩子们提供很多暑假打工的机会，给孩子发工资。每一次工作都会给孩子们一个评语，瑞典的孩子们都非常注重评语，他们很努力工作，为了得到一个好评。孩子工作多了，积累的评语就会多，这对于他们以后找工作很有帮助。

瑞典不以培养天才为目标，而以培养国民的平等、合作和慈悲精神为己任。在这样的国家，弱者不再软弱，不幸者也不再不幸。这是瑞典人幸福快乐的重要源泉。

（一）女人顶起半边天

联合国人文发展2007年报告显示，瑞典是世界上确保男女平等最成功的国家。世界经济论坛也曾经公布过一个各国性别平等排行榜，排在最前面的是瑞典。世界经济论坛主要依据男女薪酬、教育机会差异、政治代表权差异和包括平均寿命在内的健康差异四个方面的比较，认为瑞典男女劳动力就业和薪酬之间的差距正变得越来越小。

瑞典女人无疑是幸福的。几乎在所有的领域，不管在教育、就业、参政还是家庭中，她们都享有与男人平等的权利。瑞典女人的平等权利受到国家法律的严格保护。政府对女人权利的法律政策保护始于30多年前，已经建立了比较完备的法律保护体系。1994年，瑞典政府推出新的“性别平等主流政策”，强调应在所有领域全面贯彻性别平等，政府的每项政策都有不同影响，所有官方统计数据都必须分性别列举。目前，在各个领域，均有保护女人平等权的相关立法。

在瑞典的福利社会体制下，女人获得了空前的解放和自由。瑞典政府专门制定《瑞典家庭法》来保障夫妻双方在婚姻关系中的平等地位。在瑞典，还有《父母法》、《育儿假法案》和《保险法》，确保夫妻必须共同承担照顾家庭和子女的责任。

早在1974年，瑞典通过了家长津贴制度。生了小孩之后，父母休产假可以拿到月薪的80%，由父母双方以任何方式分享。可以选择让母亲带薪休假，也可以选择让父亲来带薪休假。这个制度本来是想鼓励父亲多休假，体现男女平等，但发现因为普遍父亲工资高，最后还是父亲休得少。在1995年，这个法规又被改为妈妈休一个月，爸爸休一个月，不得转换。因此，在瑞典，生孩子后，父母一视同仁，都有12周的产假，产假之后又有72周“哺乳假”，也是由父母合休。大多数瑞典人就是男女各休36周的。所以，当你看到瑞典男人拿着奶瓶在街上喂奶时，可不要诧异。

据说欧盟曾经提议欧盟各成员国延长女性的产假时间，至少为18周。这个提议马上引起瑞典劳工部长的议论：“这显然是忽略了孩子父亲的存在嘛，女性的权利是提高了，但是孩子的父亲呢，男女不平等呀！”

所以有人开玩笑说，如果你要和一个瑞典女人结婚，倒不需要考虑女人在道德意义上的忠诚，而是你必须忍受完全意义上的男女平等。你要忍受各人用自己的钱，账目清楚；你要忍受完全平等的家务劳动，如果你出差一周，那么下一周你要把上周的劳动全部补齐；你要忍受她和你一样，甩手出门，让你来照顾小孩。

在教育领域，瑞典人也执著地追求男女平等。1995年，瑞典修改了《教育法》，规定学校所有员工都有责任促进男女学生间的平等，相应条款同样适用于成人教育。他们也努力促进就业平等，1972年，瑞典政府出台了针对雇主的法令，要求雇主保障男女就业机会平等。1980年，瑞典出台了《男女工作平等法案》，即《机会平等法案》。虽然瑞典女人地位很高，瑞典男人在照顾孩子中扮演重要角色，但是，瑞典女性为照顾孩子所付出的时间仍是男性的两倍。为了鼓励女性就业，瑞典实施了很多政策，消除男女在工资收入和就业范围上仍然存在的不平等。例如，编制高质量的工资统计数据，资助机会平等监察官调查工资歧视事件，推出有关工资构成和工作评估的研发项目等。瑞典媒体曾经曝出一条新闻：负责男女平等事务的监察官鲍格斯特吕姆卸任，由一位名叫伯格斯特吕姆的女士接任。伯格斯特吕姆女士上任后发现，虽然她和前任的这位男士名字只差一个字母，但前任的月薪是 7.4 万瑞典克朗，她只能拿到 6.2 万克朗，少了 1.2 万瑞典克朗（约合 1.4 万元人民币）。这位新上任的监察官对媒体抱怨说，就连负责男女同工同酬的官员都不能同工同酬，这叫她怎么去监督相关法律的执行呢？虽然这两位监察官的工资差距是 17%，让瑞典女人难以接受，但是不可否认，瑞典的男女薪酬差距在各国中仍然是最小的。目前，瑞典女性收入的平均水平约为瑞典男性的平均水平的 82%。

瑞典还积极提高女人的参政权利。瑞典女人早在 1921 年就取得了选举权。但一直以来，被选进议会的女议员仍不多。20 世纪 90 年代初，瑞典的一些女作家、女记者和女学者联合起来，呼吁各党派重视妇女，增加妇女候选人，否则她们将从各党派中把女同胞拉出来，专门成立一个妇女党。在 1994 年大选前，有一个民意调查表明，这些妇女如果真的成立一个政党，她们将得到 35%的选票。为此，瑞典的社会民主党立即修改竞选政策，提出了“把 1/2 的机会给妇女”的新口号，要求各基层党组织每推举一个男性候选人，就必须推举一个女性候选人。在那一年的选举中，社民党获胜，议会中的女性成员大幅增加。在瑞典政府的 21 位大臣中，有差不多一半为女性。当时有个新上任的文化大臣叫瓦尔斯特伦，她是两个孩子的母亲，家住离斯德哥尔摩 300 公里的一座小城。为了确保她能够“公私兼顾”，瑞典政府首创了“遥控办公室”。每天早上，这位女大臣只要打开电视，就可以通过视频与在斯德哥尔摩的文化部的官员们联系，安排工作，她不必天天都去首都上班。

为了提高女性在政府高层中的比例，政府为那些有利于男女平等的项目或工作提供财政支持，要求各部部长及其他高级公务员参加性别平等培训，规定结合性别平等原则进行各种调查等。针对企业管理决策层中的男女失衡日趋严重的状况，瑞典于1995年成立了由各公司代表组成的企业领导能力发展学院，旨在同时培养男性和女性管理人才。

目前，瑞典妇女的参政比例位居世界第一，高达44%～50%。10年来，瑞典内阁中近半数是女性。在瑞典议会中，女议员的比例约占40%。在1986年，瑞典的32个部长中一度由女性占据了其中的16席。据统计，瑞典的对外贸易活动女人创造的价值占了近60%。

（二）身残不会志残

在瑞典的社会中，强者固然值得称颂，然而，弱者一样可以得到尊重、照顾和怜惜。据说，日本《时代》周刊记者曾采访斯德哥尔摩市郊的一所基础学校（相当于小学和初中），向那里的六年级学生提问“认为弱肉强食的美国社会不好的人请举手”，教室中的学生齐刷刷地都举起了手。这样的反应让该刊记者感到吃惊。他又问：“为什么不好？”一个男孩回答说：“因为强者不顾弱者的社会是不平等的社会。”由此可见瑞典社会对平等、爱护弱小的推崇。

在瑞典，团结合作的重要性一直被广泛强调。强强联合是自然规律使然，强者总是寻求与强者合作。然后，瑞典社会，却鼓励弱者之间的互相合作，更鼓励强者与弱者之间的合作，尤其是强者学习如何去照顾弱者。瑞典把社会平等和照顾弱者的教育贯穿于他们教育过程的每一个阶段。

瑞典对残疾人权益的重视，不仅体现在福利救助上，更体现在鼓励和确保残疾人正常参与社会生活、寻求自身的发展上。

残疾人要和普通人一样，享有平等的权利，不被歧视，可以真正地融入社会的各个层面。为此，瑞典进行了不少保护残疾人权益的立法，在法律制度上确保残疾人可以得到更多平等的机会。例如，瑞典政府颁布了《关于对某些残疾人的支持和服务法》、《残疾人事务监察官法》、《禁止歧视法》等相关法律法规，还启动了以“到2010年使残疾人能和其他人一样进入所有政府部门和公共场所享受同等服务”为目标的“从病人到公民”的全国性行动计划。

杜可瑞耳朵失聪多年，目前在一个出版社做编辑工作。虽然听不见别人说话，但是现在借助于高科技，可以与别人在网络上交流，他感到很幸运。他说，我们国家对残疾人的保障不是一句空话，政府在法律层面上保障我们的利益，这让我们感到真正的安全。

为了让残疾人可以尽可能正常地生活，瑞典对所有公共设施都积极推行“无障碍化”，为他们的日常生活、工作提供最大化的便利。双腿瘫痪的瑞比坐着一个专用轮椅，他上班地点离家里只有大约一公里的距离，但是对他而言，每天坐着轮椅上下班也绝非易事。他不想让他的家人载他上下班，因为他觉得自己可以独立办到，不要麻烦别人。他说：“我很感恩，虽然我行动不方便，但是，我们这里很多设施都尽可能地给我们提供了方便。我在街道上可以走残疾人专用通道，这些通道没有什么人，很宽敞，走起来也很顺畅。到了办公大楼，我们也有残疾人专用通道、电梯，有残疾人专用厕所。这一切都很方便。周末我也会经常去剧院、体育馆等公共场所，虽然周末人会多一点，但是对我影响不大，因为这些公共场所一般都有残疾人专区。我每天都觉得自己在享用特权。”

瑞典为残疾人提供了很多经济援助和法律保护，这确保残疾人可以拥有和正常人一样的物质生活条件，可以有尊严地生活。但是，瑞典更加鼓励残疾人自己帮助自己的精神。他助不如自助，一个人可以独立自主，做自己力所能及的事情，有助于培养对自己的自信心和自我价值感。因此，瑞典政府制定了不少政策鼓励残疾人就业。对刚找到工作的职业性伤残人士提供购买工作辅助用品的补贴，为了鼓励企业雇佣残疾人，政府对这些企业提供工资补贴。在瑞典，很多残疾人并不是整天躺在家里无所事事等待着政府的救济和帮助，他们总会想办法在力所能及的范围里做一些事情，有不少残疾人还和正常人从事一样的工作。在瑞典，很多残疾人自我组织起来，成立残疾人组织，他们通过自身的努力，积极促进和改善残疾人权益状况。现在，瑞典是全球残疾人组织最多的国家之一。

正如一位瑞典残疾人说：“也许我是不幸的，但是生活在瑞典，我又是幸运的。我和别人一样，有很多的机会。我从小就很喜欢绘画，我的家人、老师总是想方设法让我接受最好的绘画教育。我上个月刚刚开完了自己的画展，我感到很开心。我想，只要我们愿意努力，我们就可以和正常人一样地工作，创造属于自己的生活。”

四、结语：幸福是在困境中也平安

瑞典推崇“蜡烛文化”。蜡烛让我们联想到光明。无论现实如何黯淡，有了蜡烛，就有了希望。瑞典人并非事事幸运，他们也有挫折，也会面临困境。

然而，借着完善的社会保障体系，他们的幸福将不会是昙花一现。如果他们不幸如驾车撞伤了腿，金融危机丧失了职业，他们应该庆幸的是，他们有不幸中的“万幸”——那就是社会福利保障。社会福利使不幸和幸运的距离不再遥远，相反是近在咫尺。真正的幸福是，即使在困境中，也感到平安。这就是瑞典人幸福的真实写照。当年康有为在戊戌变法失败后曾到瑞典蛰居，在斯德哥尔摩峡湾买了一个小岛，还建了一个北海草堂。康有为乐而忘忧，写道：“天下山水之美，瑞典第一，瑞典山水之美，以沙丘巴登第一，而吾得之，则此间乐不思蜀，吾何求哉，可老于是矣。”尽管康有为当年是陶醉于瑞典的自然风景，但真有点怀疑他是否在100多年前就独具慧眼，发现了这片乐而忘忧的幸福之地。

第四章

丹麦：平等梦想已成真

丹麦是典型的“三高国家”——高收入、高福利、高税收。丹麦的所得税率高达50%～70%，主要被应用在社会福利与教育上。根据统计，丹麦的社会福利占政府支出的29%，各部门教育支出约占GDP的7%。

丹麦人的幸福来自平等理念之上的完善的社会福利制度。丹麦建设福利制国家的理念是由丹麦历史上最著名的牧师兼诗人格兰德维希提出的。他描述了理想中的社会——没有人拥有太多，没有人一无所有。他指出要教育人民寻求精神解放。如今，诗人的平等梦想在丹麦已全然成真。

在丹麦，即使是皇室，也和平民一样过简朴生活。皇宫外观朴素，民众和车辆都可以穿梭在女王家人居住的楼房中间。在丹麦留学的小陈很早就听说了传说中的皇宫，普通人也可以进去。她刚去丹麦，就迫不及待地想跑去看皇宫，感受平等和亲民文化。在她的印象中，皇宫应该是军机重镇，层层围墙，保护森严。但是在这里，她完全看不出这就是传说中的皇宫。这里的一切普通到实在不能再普通。

女王出行，没有浩浩荡荡的随从，通常只有两个随从。难以想象的是，她甚至自己去超市买东西。如果你什么时候在教堂或者超市碰见女王，你一定会感到非常神奇。一位偶然遇到过女王的丹麦人说：“我差点就没有认出她来，她和普通人没有太多的不同，也没有保镖随从，我几乎和她擦肩而过。我觉得她很面熟，猛地想起在电视里见过，是我们的女王。这多令人激动啊。我感到和女王没有太大的距离。她是那么和蔼可亲，就好像熟人一样。”

丹麦人不管从事什么职业，都可以得到尊重和认可。即使是农夫，他们也不会自惭形秽，更不会觉得自己不如别人。木匠得瑞说：“我们大家只是从事的职业不同而已，我们都要靠自己的努力取得成绩。我从来没有怀疑过我做木匠的职业选择，我实在太热爱这个工作了。我年轻的时候，选择了上农校，也是出于兴趣。你知道吗？我们的副总理也是农校毕业的。我们不讲究等级，没有人拿权威来说事，如果老板不尊重下属，会受到大家的一致鄙视。”

试想，在这样崇尚平等的国度，没有特权和优越感，没有下等人和自卑，人们也就不难感受到自由和被尊重的幸福。

一、完备的教育体系

谁说冬天不是学习天？丹麦人都喜欢在冬天学习。这里冬天的黑夜很长，将近20小时，这么漫长的冬季恰恰是丹麦人学习的最佳季节。一到冬天，丹麦好像变成了一个快乐学习的俱乐部。人们纷纷报名参加各种各样的培训。在软件公司工作的瑞克从小就幻想成为一名飞行员。他说：“自由自在遨游在蓝天下，那是多么令人神往啊。我刚刚报名参加了飞行学校的学习，现在学习飞行理论，但是，我最期待的是4个月的学习快快结束，我可以成功地驾驶飞机周游世界。”

丹麦实行12年义务教育，这保证了所有的人，不管贫富、健康与残疾，都可以上得起学。20岁的丹尼从小患有小儿麻痹症，下身一直瘫痪。她说：“我觉得自己还是幸运的，我没有因为瘫痪就失去学习的机会。相反，我和普通人一样，接受了所有的免费义务教育，从幼儿园、小学、初中到高中，我们都免学杂费、课本费、医疗保险费。除了免费之外，上学还可以有‘工资’。这里，中小学生都有数额不等的补助费，大学生每月还有3000克朗的生活补助。”

丹尼上学还算比较早，她从两岁的时候就开始上幼儿园，上到 4 岁。到了 5 周岁她开始念学前班。6 周岁进入九年一贯制学校，从小学一年级至初中九年级，他们不用换学校。到了 15 岁，她开始念高中，一直到 18 周岁。丹尼说："我并没有觉得和其他人有什么不同，大家也不会用异样的眼光看我。我的父母和老师经常对我说，丹尼，我们相信你做得到。"

丹麦没有完全中学，只有高级中学和职高、中专、技校。在丹麦，从幼儿园到小学、中学、大学，从普通中学或大学到成人中学或大学，门类齐全，只要想上学，都有机会迈进大学的校门。62 岁的杜里斯马上就到退休的年龄了，但是，他一直想学习计算机网络。他说："我的两个孩子现在都在国外，我自己身体不算太好，也不能经常去看望他们。我想学习网络，我可以在网上看到他们，跟他们聊天。我刚刚报名参加了成人大学的计算机网络专业的学习。现在，我又感觉到了生活的充实。在我们国家，只要你想学习，永远都有机会。"

丹麦的教育鼓励人的自由发展。他们并不提倡小小神童，例如像我们中国科技大学的少年班。过早上学，可能会剥夺孩子快乐的童年，无异于拔苗助长。因此，丹麦无论小学、初中还是高中一般都不主张提前上学，也不提倡跳级，也不赞成复读。希望这样可以让学生不必感到太大的压力。但是，如果学生初中九年级后因特殊情况还想再念初中的，经批准可以再读一年，但必须到指定的学校就读。

丹麦的办学体制很灵活，主要有三种：政府办学、基金会办学、协会办学。校长由办学方分别任命。一般来说，中小学一般设校长一人，教导主任一至三人。丹麦校长的权力比较大，教师全部由校长聘用，这样，就可以较好地实现校长本人的办学理念，令每个学校的办学风格很不一样。丹麦的教师分终身教师和合同制教师。在丹麦，教师没有评职称的压力。不过要在学校任教，需要通过资格认定，取得资格认证证书。

和我们一样，丹麦学校的课程设置分必修课和选修课，所有的课程设置都由学校决定。丹麦的教育结构中很具有特色的是他们的终身教育即成人教育。我们的成人教育一般是高等教育。但是在丹麦，他们的成人教育贯穿于初中教育、高中教育和高等教育始终。如果一个成年人错过了初中教育，他依然可以进入成人中学就读。

丹麦普通成人教育是为18岁以上的人提供的教育。丹麦全国有72个成人教育中心。普通成人教育的教学非常灵活，可以提供不同水平的短期和长期课程，可以设置适合学生和社会需要的各种课程。学生学完一门规定课程后要参加考试，根据成绩授予相应的人民学校结业考试资格或高级结业考试资格，或高等预科考试资格。

丹麦成人教育包括文科教育和资格成人教育两种主要形式。只要年满18岁，任何成年人都可以接受成人教育。丹麦人民高等学校为18岁以上的公民提供普通教育，教师会重点教授某个学科或几个学科的课程，大多是一些文科的课程，例如历史、政治、文学、哲学、文化史、音乐、运动、艺术、手工艺或环境课程。

丹麦还有非居民人民高等学校，主要向失业人员提供文化、社会及美学课程。教学内容包括普通专题和职业专题。非居民人民高等学校特别强调学生个人发展，强调参与劳动市场或教育制度的责任感。欧飞亚一度失业，因此参加了非居民人民高等学校的课程，他说："虽然学校课程只有24周，大概给予学生半年的课程简介与指导，但是，这让我学到很多的实际经验和知识。我毕业后，很快就找到了新工作。我的同学当中，有二分之一的人都因此找到工作或开始了正规教育的课程。"

除此，丹麦还有成人职业教育培训，这是对在职人员提供的初始阶段专业性职业教育培训课程。一般来说，这些在职人员已具有本领域的非正式资格，但仍需进一步培训才能更好地胜任工作。因为这些参加者已经具备一定的职业经验，成人职业教育培训课程时间一般较短。

成人教育协会也提供内容广泛的课程和讲座，一部分在中午和晚上学校放学后进行，以便更多的人可以参与。这些课程集中在10月到第二年的4月，在冬季进行。课程比较实用，包括各种水平的外语、数学、历史、艺术、体育、针织、烹饪、绘函、木工和金属制品等。讲座则反映了百花齐放的特点，包括地方志、戏剧、歌剧、电影、建筑、外国文化等。这些课程和讲座一般每周安排一次。据统计，这类课程和讲座很受欢迎，每年有高达100万人次参加。

丹麦是一个大力提倡开放教育的国家。开放教育的目的是为成年人提供终身教育的机会。现在的社会变化巨大、科技发展迅速，即使一个人以前接受过高等教育，在工作的过程中，也可能需要补充新的知识。由于开放教育的体系，对于丹麦人来说，不管什么年龄、从事何种职业，只要自己愿意，都可以再回到教育系统继续学习。

冬亚就是因为在自己的工作过程中，感到还需要充实财会方面的知识，所以决定参加开放教育。他发现自己的选择很多，因为开放式教育主要以四种方式提供教育活动：一是非全时课程；二是在业余基础上组织的全时课程；三是为那些在某一领域有长期工作经验的人提供的学分课程，凭工作经验可以获得本课程实践培训的学分；四是单科课程，可以作为全时教育和非全时教育课程的一部分。因为他还在工作中，而且已经具备一定的财会方面的知识，只需要再充充电就可以了，所以他最后选择了第三种方式，获得学分的课程。他评价说，这种开放教育非常灵活，适合各种不同需要的人。

在丹麦的成人教育中，最值得一提的是农业教育。丹麦是一个由农业发展起来的发达国家，因此对农业教育也高度重视。目前丹麦青年农民的培训课程是1989年引进的，1992年进行了现代化改革。在丹麦，做个农民也不是那么简单的事情，必须经过严格的学校学习或培训。农民杰斯现在拥有一大片农场，是远近闻名的农场主。他说："在丹麦，成为农民需要接受7年基础学校培训和至少5年住宿学校的理论学习。农民教育是在9年学校教育基础上开展的，但是一些程序性的实践培训必须在农场进行，所以要成为合格农民还必须参加不同农场工作的实际训练。我有一些同学中途中止学习，较早地成为熟练工人。但是在丹麦，获得绿色证书后继续学习直至获得绿色毕业文凭还是很重要的，因为一个人只有在获得绿色证书后，才能购买到公顷以上的农场，才能在第一次购买农场时获得优惠利息的贷款。"

二、没有成绩单和模范生的教育

丹麦人认为人人都拥有平等受教育的权利，这也是丹麦历届政府所倡导的原则。这种平等的理念也渗透到教育中。

正因为如此，丹麦人可以在教育中真正获得幸福。

丹麦倡导终身教育，这不仅仅是一个口号，而是真正付诸实践的理念。在丹麦，公立学校从小学到大学学费全免，不但如此，读书还可以领钱。18 岁以上学生可领生活津贴，金额多少视学生是否居住在家里而定。即使读私立学校，政府也补助 75%的经费。因此，并不是所谓的贵族、有钱人才能进私立学校。乔娅父亲已经失业 3 个月了，他们家并没有钱，但是，她依然上了私立学校，主要是因为她具有体育特长，目的是去学习体育。她的同学当中大部分都是为了来私立学校学习一些特殊技能，例如艺术、音乐等。

丹麦人不需为频繁考试而烦恼。他们的考试很少。不像我们测试铺天盖地，唯成绩论英雄，高考更是一卷定终生。丹麦的孩子 12 岁以下没有成绩单。老师与家长鼓励孩子发展天赋，不鼓励比较。即使在高中，每年只要考三次试，高中三年整个阶段才九次考试。每次考试他们都有口试和笔试，口试由本校命题老师组考，笔试由全国考试中心统一命题、统一考试。因此，他们的考试并不能单纯靠死记硬背，而需要真正的理解和平时的积累。老师对学生的评估不单单看试卷分数，还会考虑平时的作业和出勤，要想成绩好，靠考试前临时抱佛脚是不行的。在丹麦，学生没有升学考试的压力。小学升初中、初中升高中都是直升，不需要考试。高中升大学也没有全国统一考试，而是以高中毕业分数为准，根据分数高低就读于不同大学的不同专业。高中毕业满分 13 分，达到 5.5 分可毕业，6.0 分取得读大学资格。不同专业的分数要求有所不同。例如，2002 年心理学专业的分数是 9.6 分，达到可升学。但是如果达不到也没有太大的关系，还可以待来年的评估。也许我们会有疑问，丹麦这么少考试，他们学生会不会没有因此不读书呢？事实上正好相反，他们热爱读书的人比比皆是，读书的动力不是为了通过升学考试，不是为了找到工作，而是为了兴趣爱好。这也导致他们学习得更加扎实。不考试和不选模范生还有一个直接的效果，就是这样的孩子更有自信，会认识到自己的长处和别人的不一样，不会盲目地攀比，心生自卑或者嫉妒的不良心态。

我们知道，智商不是决定个人成功的最重要的因素，情商对个人的发展更加重要。丹麦政府不但引导学生学到扎实的科学文化知识，而且非常重视孩子发展个人的能力，学会如何做人、如何与人交往。他们认为，家庭教育对于儿童的成长具有非同寻常的意义。一个孩子的亲子关系的品质会为他以后的所有个人关系的发展奠定基调。因此，丹麦政府鼓励父母多花时间和孩子在一起。甚至规定，拥有 0～8 岁儿童的家庭，父母可以享受假期，单亲家庭假期可以延长一倍。这样，保证孩子有一个快乐的童年，在他们最需要爱的时候，可以享受到父母之爱源源不断地供给。这样的孩子长大后，不会成为爱的饥渴者，因为享有爱，还会更愿意对周围的人付出爱。

为了提高孩子们的人际交往能力，不至于成为只会读书的书呆子，缺乏与外界合作交往的能力，丹麦法律规定，当地政府必须为 10 岁以上的青少年成立青少年俱乐部，为 10～14 岁儿童准备下午活动的校外俱乐部和 14～18 岁青少年晚间活动的俱乐部。通过参加这些俱乐部，孩子们在活动中学会与同龄人共处，这对于他们以后走向社会，很好地处理各种各样的人际关系奠定了很好的基础。

（一）在教育中感受自由

丹麦是一个充满了平等和自由精神的国度。他们的教育，当然也把自由放在非常重要的地位上。一切的教学活动，不能以抹杀孩子们的自由探索的精神为代价。

丹麦的大学没有固定的教室，选了哪一门课就去哪个教室上课。丹麦的中学也没有固定的教师，学生没有固定的座位，甚至没有固定的班级，没有固定的课堂同学。他们中学上课就好像打“游击战”一样，按照每周课表指定的教室去上课。丹麦的教室很朴素。他们的讲桌和课桌都很长，丹麦的大多数桌椅都是钢管腿，但是他们经常要挪动桌椅，为了保持安静，这些桌椅的腿端都带黑色胶套。班里的桌椅搬成“出”字形，进出很方便。

我们中学的课堂管理很严格，上课前有的要唱歌，老师来了有值日生叫起立，迟到的学生要喊报告。相比较而言，丹麦的课堂有时自由得可以用“一盘散沙”来形容。即使迟到了，也可以旁若无人地走进教室。老师上课的时候，同学们可以自由进出，不用向老师打招呼示意。如果他们遇到有问题，会举食指示意，可以随时打断老师讲课。例如老师讲到二氧化碳的温室效应导致全球气候变暖，有同学就马上举手问，我们要怎么克服温室效应，我们不想冰山全被融化。老师说，这个问题问得非常好，这就是他下面要讲的问题。他们问问题的时候总是不假思索。这些问题有时在我们看来，略显幼稚，是自己课堂下随便查查资料就可以解决的一些很浅显的问题。但他们问得严肃认真，煞有介事。丝毫不会像我们那样觉得问简单的问题会丢了面子。亚东说：“这个问题老师还没有解释清楚，我自然要问他。”

丹麦学生的自由还表现在，他们可以随时给老师建议，要怎么上课，要用什么教材，要讲什么内容，他们都可以提出要求。老师会汇总他们的意见，报学校，经过校长批准，可以使用他们推荐的教材。

在丹麦，学生的业余时间很多，没有晚自习，没有周末补习，这些业余时间全靠学生自己自由支配，靠他们的自觉性去学习。一般同学们会利用这些时间干些自己感兴趣的事情。

当然，丹麦的学生有时显得过于自由，例如经常可以看见他们的青少年在校园里亲吻拥抱，同性恋并不是一个秘密，高中生同居也被视作个人的自由选择，家长和老师不会过问。

（二）朴素的校园、敬业的老师

也许，我们会感到丹麦的学校有点缺乏“形象”。因为我们一般认为，学校，特别是名校，肯定一看就气势不凡。但是，如果你看了丹麦的学校，可能会大失所望。这里的学校没有校门，没有校牌，也许你认为根本就不像学校。特别是学校和马路融为一体，因为学校没有围墙，我们弄不清楚哪里是校园，哪里不是校园。丹麦的有些学校甚至简朴到没有什么装修，用我们的话来说近似于毛坯房，例如，他们的屋顶是原样的水泥浇筑，你可以看得到每根灯线。据说也这是为了方便维修。走进教室，这里的桌凳也是原木本色，油漆很淡。

虽然学校简朴，但是硬件确实非常好。建筑物非常结实，就连桌椅也很结实。学校一般都有专门的计算机室，学生可以随意使用中厅、走廊里的计算机和复印机。教室里除了书桌、椅子之外，也有地图、电脑、书架等。值得一提的是，这里的老师没有办公室，课间全部集中在一个很大的综合室里休息。到了这里，最大的感受是，丹麦学校里一切的安排都是为了方便学生。

老师对学生很尊重，不迟到、不拖堂。学生遇到问题，老师随时作答，直到学生弄懂为止。一般学校还有咨询处。学生有问题，随时可以寻求帮助。特别是开学的时候，会向新同学介绍学校的情况，帮助学生尽快适应学校新生活。他们还帮助同学完成心理的转变，帮助同学们处理好人际关系等问题。

丹麦的老师教学主要不是为了挣钱，而是为了兴趣和责任感，因此，他们具有令人钦佩的敬业精神。派莉做老师已经有 20 多年了，她说："我实在是太喜欢学生和教书了，一看到他们，我就觉得自己很年轻。"同学们都很喜欢派莉的课，她总是可以把一些复杂的理论问题讲得非常生动。派莉说，尽管同一门课她已经教了不下 40 遍，她每次上课还是要花很长的时间备课。她说："我们每天都在变化，我们需要给学生补充新的知识。"她家里的书堆满了房间。她随身携带的包里，装得最多的还是书。里面总有一本字典和一幅世界地图。她说："同学们思维很活跃，他们有时问的问题我也不懂，我会告诉他们我不懂，但是我晚上一定会马上去查资料，把问题弄懂。"更有意思的是，她还有专门记录这些问题和答案的笔记本。到现在，她已经积累了厚厚的 7 本这样的笔记本。

（三）兴趣是最好的老师

读书可以让人感到幸福，也可以让人感到不幸。范进中举，却演变成一个悲剧，这是读书不幸的典型例子。丹麦人读书的幸福，不是建立在勉强的基础上，而是建立在兴趣的基础上。因此，他们可以从读书中享受到真正的乐趣。

丹麦人热爱艺术，他们学习艺术的兴趣很浓。绘画、瓷器、音乐都可以激发他们很高的学习热忱。亚芝今年24岁，她说："我不是很喜欢学习数学这些基础课，我父母发现我对画画很感兴趣，有这方面的天分，我刚3岁的时候就帮我找了一个油画老师，后来我上了艺术学校。我感到很快乐，每天在做自己喜欢的事情。"

丹麦人一说到学什么，经常用"有趣"这个词，而不会把"无聊"挂在嘴边。为什么觉得无聊还要学呢？亚芝感到有些迷惑不解，对于她来说，可能无法理解为生活压力而学习的情况。

丹麦教育的成功很大程度上归功于他们对国民在日常生活中潜移默化的影响。他们不追求热门、潮流这些华而不实的东西，他们讲究简朴、朴素、回归自然。所以，他们好像没有什么热门专业让大家趋之若鹜，因为大家都是根据兴趣爱好去选择专业。

（四）不需要为成绩单而忧虑

丹麦学生的幸福还体现在他们无须为学习成绩而忧虑。在他们看来，人们在受教育的过程中也是平等的，所有的学生在学习的过程中是没有优劣之分的。一个人学习成绩好，可能是因为他擅长做这方面的事情。每个人是不同的，大家的特长也不一样。用同一分数去衡量学生是愚蠢的，所以，无论是作业还是考试的成绩，他们一律不公布，也不排名次。分数是隐私，只有老师和学生自己知道。

中国的孩子每个学期结束都有一份附有成绩单的家庭报

告书交给家长，一看成绩单和老师评语，就大概知道孩子在班级里成绩的大概位置，家长还要在报告书上签字。对于很多中国的孩子而言，交家庭报告单给父母，确实是一件有压力的事情。考得差的同学有时还“故意”丢失报告单，以避免批评和惩罚。但是，在丹麦，这实在是没有必要担心的一件事。他们每个学期让孩子带回家的报告单里面没有成绩，也没有老师评语，只是自己对自己的评语，例如最喜欢的事情、最讨厌的事情、最擅长的事情和最希望学习的事情。学生都乐于把这样的东西给家长看，因为这是一个发现自己的过程，也是促进老师、父母了解自己的过程。

丹麦的学生无疑是幸福的，他们可以无忧无虑地学习。不需要和别人盲目比较，只需要和自己比较。所以，他们的老师、家长和学生自己都可以发现和利用各自的潜能，每个人都想着要做最好的自己，而不是别人眼中最好的自己。这能不幸福吗？

（五）家庭对孩子独立自主精神的尊重

成功的教育需要家长的密切配合。父母是孩子的第一任老师。丹麦人深谙此道，他们非常重视家庭教育，培育良好的亲子关系。孩子幼年的家庭经历将会对孩子未来的人生产生深远的影响。

中国的父母经常为孩子包办一切。小到每日的饮食穿着，大到上哪个学校、职业的选择，父母无不操碎了心。做中国父母很累。如此无微不至的关怀，子女还经常不领情，觉得父母侵犯了自己。很多中国父母感到有苦说不出，付出的一片苦心，没有得到很好的回报。而且，这样长大的孩子还经常缺乏独立自主的精神，凡事依赖父母。

但是，丹麦的父母就显得轻松很多。他们善于做“甩手掌柜”，什么都让孩子自己去尝试，引导孩子自己去选择，而不会越俎代庖。否则，会伤害孩子的独立自主性。一位丹麦的母亲说，养育孩子最重要的是让孩子离开自己，而不是把孩子捆绑在自己身边，所以，要对孩子实行放飞式的教育。“我女儿很小的时候，我就引导她自己去选择。例如，去买衣服，她经常看上一些尺寸很小的衣服，我不直接告诉她说，孩子这衣服你穿不了，换别的吧。我会说，你试试看吧，穿穿这衣服看是否合适。孩子试过出来的时候，我就问她，合适吗？要不要买呢？她摇摇头。慢慢她就学会了自己识别尺码的大小了。她很小的时候，喜欢两只脚穿不同颜色的袜子，只要她高兴，颜色不一样有什么关系，我不干涉她。就让她这么穿着去上学。她高中刚毕业，就自己决定要和朋友一起去国外旅游，见识一下世界，我很支持她这样的选择。而且，她需要离开父母，自己独立去思考一下人生，思考高中之后的安排。回来后她告诉我，她要做一个导游，因为她喜欢旅游。”

因为他们的自由选择一直受到别人的尊重，小孩长大以后，也会尊重别人的自由选择，不会对别人的选择指手画脚。如果有人选择做农夫，也没有人会说什么。职业没有高低贵贱之分，只要自己喜欢就行。

或许我们会认为在丹麦做父母比在中国做父母轻松得多，容易很多。但是，他们其实并不容易，看着孩子犯错误，自己不出声，让他自己去体验、经历和纠正错误，需要很大的耐心和毅力。或许，我们很多中国的父母做不到，原因通常是我们太爱自己的孩子了。丹麦的父母并非不爱孩子，而是他们认为，他们需要更加理性地去爱孩子。

三、弱势群体：不再有卖火柴的小女孩

丹麦诞生了一代童话大师——安徒生。多少年来，安徒生童话中人鱼公主的眼泪以及卖火柴的小女孩的烛光，让我们记忆犹新。丹麦，这个卖火柴的小女孩的故乡，全然看不到卖火柴的小孩的身影。相反，这里的弱势群体得到最具有人性化和个性化的保护。

丹麦的福利基金是由政府管理，主要通过征税获得。在丹麦，人们每月工资的50%以上都用来交税，想必他们可能怨声载道。但事实相反，他们反而乐在其中，因为他们的生老病死都由政府负责。丹麦政府将上缴的税收的40%用于社会福利，13%用于教育和科研，9%用于医疗保健。

丹麦的社会福利制度以“高税收、高福利”的北欧斯堪的纳维亚模式著称于世，这种制度讲究平均分配，社会福利覆盖境内任何公民，男女充分享有平等的权利。在丹麦，外国留学生也享受丹麦政府提供的免费医疗保险。邱力戈谈到他留学丹麦的一些感受：“我在丹麦有半年的交流经历。刚到丹麦，我们就被要求办理类似临时身份证一样的东西。凭此卡在丹麦期间，我们所有医疗（除牙医）费用享受与丹麦公民同等待遇，全部免单。我住在一个中产之家，主人都是高级白领，但吃穿用度没有丝毫奢侈之处。一家四口人关系融洽，但彼此十分独立，女儿19岁，按照惯例搬出去自力更生了。除了工作和学习，四口人都有自己的兴趣爱好，所以家里到处是自产的艺术品。更令人不可思议的是，学校组织我们长短假的出游是免费的，他家小儿子去俄罗斯秋游也是全部免费，我们课程中现场教学的大量支出学校也照单全收。临近年末，大区给我们每个人寄来税单，显示他们的所

得税率大约40%，然而即便是我那个保守党的男主人，也向我解释说他十分愿意交这笔巨款。丹麦冬天天黑得早，但小孩子们往返学校都没有人陪伴，因为这是个犯罪率最低的国度，残疾人单独出来行动的也很多且很方便。给我的感觉是，丹麦的福利制度无所不包，丹麦人很独立，财富均等，犯罪率低，生活惬意。”

（一）老年人不再烦恼年老

丹麦老人不用靠儿防老，他们年老有社会保障，这样他们可以生活得更加有尊严、有价值。丹麦老年人比例还算比较高，在现有530万人口中，60岁以上的老人占17.5%。丹麦这个高税收、高福利的国家，非常重视和尊重老人，把老年福利作为社会保障政策的重要部分。年满60岁的老年人，不论性别、地位，都可以领取养老保险金。那些孤寡老人、无收入的老人，还可以另外申请额外补贴。

在丹麦做老人，无疑是幸福的。一位行动不便的老人如果想学上网，可向政府申请上门教学；如果想装计算机，政府不但予以补助，更会盯着计算机公司上门安装，直到老人能使用为止。

丹麦实行弹性退休政策，允许60～67岁的劳动者根据自己的需要酌情逐渐减少工作时间，使老年人有一个从半退休状态到完全退休的过渡过程，而其间政府对因此而减少收入的老年人予以补贴。很多健康的老年人，觉得自己还有精力发光发热，不愿意过早地退休。弹性退休制度给他们提供了福音，他们可以延长退休年限。一个老人说：“我不想这么早退休，我喜欢我在工作中充满了活力，为社会、为人们服务的感觉也很好，弹性退休政策满足了我的愿望。即使我退休之后，我也还会做一些社会公益事业，去帮助有需要的人。”

丹麦老人不和子女住在一起。他们老了一般会去老年福利院。丹麦的老年人住房法案规定：地方政府负责老年住房的建筑和管理。老年住房包括老年公寓、养老院、疗养院和老人收容院，以此确保每一个老人的住房权利都能得到保障。丹麦的老年福利院环境非常优美，适合老年人养老。丹麦的很多老年福利院都是面临大海，绿树环抱其间。每当东方日出之时，带给老人的第一缕阳光，令人赏心悦目。平静的大海，伸向天边，减少了老人多少烦恼，带给了老人多少快乐。

丹麦的养老制度面向所有的丹麦人，只要年满67岁的丹麦公民，都可以不带任何附加条件地领取政府养老金，即使之前没有缴纳过社会保险税费的人，也一样可以享有这些福利。

丹麦不但在物质层面上对老人照顾有加，还在关爱老人的日常生活和精神生活方面做了很周到细致的工作。丹麦实行免费的老年关怀政策。所有的老年人，不论经济状况、身体状况以及居住地点的差异如何，都可以享有周到而全面的关怀服务。他们生病了，可以享用医疗护理，可以看普通全科门诊、专科门诊，还有家庭护理。平时，他们享有家庭服务，由专门的工作人员给他们打扫卫生，进行个人卫生护理，生病了会有人来照料。在养老院，虽然不是在家里，但他们可以享受到比在家里还要更加温馨和周到的服务。一位丹麦的老人住老人院已经5年了，她说住老人院非常幸福。一切生活所需都有人照顾。而且这里老人多，有很多朋友，大家一起聊天，一起运动，感到日子过得很快。她说儿子几乎每个星期都会来看她一次，给她买喜欢的东西，陪她聊天。所以她觉得并不孤独。

（二）失业也可享受个性化服务

据统计，丹麦大约有 200 万～300 万劳动力人口，失业率为 5%。在丹麦，如果你失业了，大可不必手足无措，因为国家已经为你制定了一整套周密的再就业工程，你可以无忧无虑地享受国家给予的这一福利。

丹麦法律规定，必须将高达工资的 30%～50%的收入向政府纳税。政府拿到这笔钱，会通过再次分配的福利形式返还给需要的人，以此来推动社会平等。尼瑞每个月挣 3 万克朗，他每个月纳税就有 1 万多克朗，税后收入不到 2 万克朗。现在他失业了，生活水平虽然有了一定的下降，但是维持基本的正常开支一点问题都没有，因为他每月可以从政府领取 1.6 万克朗的失业救济金。当然，这个也需要交 40%的税，最后可以拿到大约 1 万克朗的钱。尼瑞说，这个救济金只给 4 年，政府为了避免养懒人，造成大家不去工作，只给了 4 年的期限，他必须尽快找到工作。

尼瑞失业的第二天，他就去再就业办公室报到了。在丹麦，每个市、社区都设有专门负责再就业工作的办公室，还配备有专门的工作人员。尼瑞说：“进入再就业办公室，感觉像家那样温暖。工作人员非常热情地欢迎我，给我介绍再就业服务的具体程序和参加职业培训的情况。办公人员马上把我的信息在网上系统中公布出来，方便用人单位与我联系。我确实因此接到好几个面试的电话。办完手续之后第二个月，政府或社区就开始给我支付失业保险金了。这些工作人员知道我失业了，还经常给我打电话，询问我的情况，或者给我介绍一些新的职位。因为在三个月内我还没有找到满意的工作，他们打电话来通知我去参加培训，我和其他15个人一起参加这个培训，大家还可以互相交流。虽然我失业了，但是一点都不感到孤独，工作人员也不用异样的眼光来看我。我们就好像朋友一样，为了共同完成一项任务而相互配合。”经过尼瑞和工作人员的努力，他终于在第五个月找到了满意的工作。

据统计，大多数人在3个月内就能找到工作，没能重新就业的只有30%，一年后找到工作的只占5%。很多失业者找到工作，都是通过再就业办公室。但是，只要你有需要，再就业办公室会随时给你提供个性化的服务，针对你的特点和需要提供服务。如果一个失业者在一年后还没有找到工作，办公室就会把这个人纳入重点联系对象，加强和失业者的联系。据统计，失业者4年后找不到工作的只有7.1%。

政府还为失业者提供一些特殊的服务。例如，一些高层次的人员比较容易面临失业问题，因为一般的中小企业雇佣不起。为了鼓励这些小企业大胆录用高层次人才，政府提供大约相当于工资三分之一到二分之一的补贴。丹麦还对外来失业者提供服务，比如专门在一个著名的工业区内，安排来自中国的失业人员就业。

四、不显富、弃特权、羞腐败

富裕和特权经常被很多人认为是荣誉的象征，可以表明自己的身份，其实内在则反映出对自己的不自信，需要靠外在的物质财富和地位来包装自己虚弱的内心。丹麦人在价值理念中，则很好地处理了这一点，他们普遍把显富和显露特权看作不成熟的表现，这反映出他们内在的真正自信。

丹麦人追求平等，平等并不是说说而已的口号，而是真正落到实处。他们无论在社会、经济，还是政治、法律各个方面都要求平等。在丹麦，没有很大的地区差异、城乡差异，一切都很平等。政府官员克奇说："城乡差异、地区差异会导致人与人之间的不平等。这是我们所不能接受的。"以前有些地区财政收入低，我们就想方设法在财政上帮助他们。早在20世纪70年代，政府就开始通过补偿金制度对落后地区进行资助，帮助他们发展地方基础设施、医疗、教育等。1984年，政府出台了"地区补贴与均等化计划"，通过建立地区平衡发展体系，努力缩小地方政府税收与财政支出需求之间的差距，实现各地区福利服务水平的均衡发展。1995年，政府还对该计划进行调整，加大了对大城市弱势群体的保护力度。

除了地区差距、行业差距外，为维系平等，政府还努力缩小个人收入之间的差异。为此，政府实行"劫富济贫"的税收和福利政策。据说，丹麦最高的税率高达70%。政府把通过高税收从富人那里获得的资金通过福利的形式又转移给穷人，从而保证了富人和穷人之间的平等。也许你会认为这对富人很不公平，他们通过自己的努力挣的钱，有70%要落入别人的腰包。而这一批穷人，居然可以不劳而获。奇瑞说："我们不会这么想。我没有认为我是财富的所有者，我只是财富的管理者。我们需要帮助穷人，他们有权利获得尊严，让每一个人都可以体面地生活，是我们每一个人的责任。"

如果一个人爱显富，通常会受到批评，别人可能会认为他偷税漏税。索瑞经营的半导体公司是个跨国公司，在美国、法国和日本都有分部。但是从他的外表和言谈举止中，一点也看不出来他是个坐拥千万资产的富翁。他说："富人比穷人更需要低调，我们之所以富裕，有时是一个机遇的问题，并不是因为我们有多聪明，或者因为我们具有多大的能耐。即使因为我们聪明和能力强而致富，我们也不能沾沾自喜。这是造物主让我们聪明和有能力。如果这么想，我们就没有什么可神气骄傲的，因为自己有钱而自认为高人一等是愚蠢的。我的很多亲友都不知道我有多少钱，也不会把我当作富翁。我一直在资助孤儿院。孤儿很需要钱，也很需要爱，我希望可以帮助他们。我打算以后也会把财产捐给慈善事业。我有两个孩子，我不会留给他们，我相信他们需要靠自己的能力去创造自己的生活，而不是依靠我。"

丹麦人的这种平等意识并不是从天而降，而是社会教育和家庭教育长期熏陶所致。丹麦的小孩都懂得要平等待人。他们从刚开始懂事时，父母和老师就会教育他们人生而平等，没有人高人一等，也没有人低人一等，爱护和帮助穷人和弱者是每一个人的责任和义务。丹麦的学校还会给学生创造很多帮助弱势群体的实践机会。8岁的丹妮每天都去孤儿院帮助打扫卫生，她并不觉得辛苦，而是觉得可以帮助别人很快乐，这证明自己的生活很有意义。而且，这个还算是必修课的一种，她因此还获得了学分，何乐而不为呢?

在丹麦，随意享用特权，特别是以权压人，是一件很不光彩的事情。不但政府会对公职人员的权力进行很多的限制，更重要的是，公职人员自己也不愿意过多地享用特权。他们在某一个职位上，就行使某一个职位的权力，但是一旦退下来，他们也很坦然，不再有任何的特权。即使是首相，一旦离职，也必须从首相官邸搬出来，以前配备的警卫和司机因此也取消了。那么他们的心理落差是否很大呢？一位丹麦大臣说："我们的权力是大家给的，离职了当然就不再有特权，这是很自然的事情。没有什么想不开的。相反，离职之后我觉得更加轻松了，有更多的时间和家人在一起。"

人们不会对官员有任何特殊的照顾。在路上见到高官，大家不会围着上去主动打招呼，就当是普通人一样。官员在商店里买东西，一样要排队，不会有人见了官员就主动给他让位。丹麦人很坚持原则，做人做事不会因人不同，不会搞特殊。他们把这个当成理所当然的事情。一位丹麦的官员说："我们时刻提醒自己，不要有任何特权思想，也不要有任何逾矩的行动。毕竟在这个位置上，比较容易犯这些错误，因此我们需要时时提醒自己。做什么事情，我有时还要避瓜田李下之嫌。普通人可以做的事情，有时我们也不能做。"

丹麦人无法容忍政府官员贪腐或享有特权。例如2005年5月，丹麦爆出低阶移民官收受中国留学生贿赂的丑闻，其中一例贿赂金约7.5万元人民币，竟被称为"丹麦30年来最大宗的贿赂案"。在丹麦，反腐不仅是一个体制问题，更是一种不可逾越的道德底线问题。丹麦对腐败有非常具体的规定，有完善的监督机制和法律条款。这里没有什么灰色地带，一切都是透明的。在这样的机制下很难浑水摸鱼。丹麦人强调要对腐败防患于未然，而不是事发之后的惩罚。要防止腐败现象，一靠完善的反腐机制，让人钻不到空子；二靠教育感化。从幼儿开始，丹麦就向孩子灌输清廉文化，让大家觉得腐败是一个羞耻的事情。一位丹麦人说："我们有良好的社会福利制度，生老病死，都由国家包了。我们并不缺钱，为什么要贪污呢？我们不能把贪污的钱带进棺材里，也不会把贪污的钱留给孩子，即使给孩子，孩子也不会接受，反而会感到羞耻。”在丹麦，因为清廉文化已经深入人心，大家遇到问题，一般也不会想到用贿赂、收买官员的方法来解决。所有的问题都是公事公办。

五、结语："叶特尔法则”的幸福秘诀

在严寒的冬天，我们经常可以看到丹麦的父母推着婴儿手推车在街上或公园里遛达。有时父母会把内载婴儿的手推车扔在一旁，自己去超市买东西。这里没人拐卖儿童，也没人打家劫舍，他们不必因为担心孩子丢失而寸步不离。他们不会过度保护孩子，这也让他们可以更加自由。因此，带孩子对于丹麦人来说并不见得是一个苦差事，他们很享受这个过程。

英国莱斯特大学教授怀特 2006 年 7 月发布的《世界快乐地图》报告，丹麦在全球 178 个国家中，名列快乐国家榜首。如果从丹麦的严寒天气来看，他们没有什么快乐的理由。如果再看看他们的漫漫长夜，就更没有快乐的理由了。但是丹麦人却可以克服这些恶劣的自然条件，乐在其中。

我们经常说：人比人，气死人。一个充斥着爱比较的国民的国家难以得到幸福。丹麦人幸福的秘诀很大程度上取自他们所崇尚的是“叶特尔法则”，即任何人不得自称比别人好、聪明或者富有。当然，丹麦人也不认为他人会比自己更好、更聪明或更富有。人们非常讨厌别人的傲慢和自夸。

正是因为“叶特尔法则”，丹麦是一个没有穷人、近乎完美的国家。老有所终，壮有所用，幼有所长，“大同世界”竟在这雪地国度里实现……

第五章

挪威：到大自然中去享受生活

挪威人并不是天生幸福。100 多年前，挪威一直处于丹麦和瑞典的统治之下，直到 1905 年才独立。二战期间，挪威不幸又被德国占领，历史命运多舛。挪威四分之三的国土是不毛之地，人民长期经受严寒的考验，大多数人处于赤贫状态。

直到 20 世纪 40 年代，挪威人才开始奏响幸福的乐章。1945 年工党在挪威选举中获胜，开始奉行社会民主主义政策，平抑贫富差距、消除贫困，构建社会福利体制。几十年间，挪威跻身于世界最富裕国家的行列。

如今，挪威人已经成为世界上最幸福的国民。他们拥有高度发达的经济，这是保障他们幸福的最重要的物质基础。目前，挪威的原油、渔业和冶金业的发展已经位居全球前列。挪威连续数年在“全球人均 GDP 排行榜”上位居第二。据《中国青年报》一篇文章报道，2009 年，其人均 GDP 高达 79085 美元。在全球金融危机重创各国之时，挪威的经济表现却是一枝独秀，不仅经济保持正增长，政府财政也全无负债，还享有 11％的预算盈余。

挪威人的幸福还体现在高品质的生活上。在联合国对全世界 162 个国家的人均寿命、教育程度和人均国民生产总值等方面条件进行的综合评比中，挪威获得了 939 的最高分，成为目前世界上人类居住条件最好的国家，人类发展指数第一。

虽然挪威是北欧一个仅有 454.6 万人口、占地 38 万平方公里的国家，但是，他们却有无比自豪的教育体制。挪威教育发展水平也已经位于世界前列。这个人口比中国一个省还少的国家，却曾经诞生了 8 位诺贝尔奖获得者。

这些仅仅是挪威人幸福生活的表象。他们真正的幸福在于他们内心道德律的和谐以及他们与自然的高度和谐。

一、人人都可接受教育

挪威有句口号叫“教育为人人”。政府提倡终身学习的观念，让每一个人都可以接受教育。不管是少数民族还是残疾人，都有权利接受教育。为了保障穷人也可以平等接受教育，政府提供教育福利，中小学甚至是大学的学费都全免，即使上私立学校，政府也提供一定资金援助。挪威人崇尚经济自立，不依赖家庭，他们大多可以靠打工挣来的钱购买书籍。即使在没有钱买书的最坏的情况下，学生同样可以在图书馆借阅书籍。

在挪威，“活到老，学到老”已经不再仅仅是口号，而是国民践行的真正准则。在这个国家，高中或大学的书费需要自己支付，因为保护知识产权问题，书籍价格不菲。但这并不能阻挡他们学习和购买书籍的热忱。大学生比亚说：“我每个星期都会去几次书店，一个星期不买书，我总觉得生活缺少了很重要的东西。我不知道我是不是得了书籍依赖症了。我现在在一家商店打工，主要目的也是为了挣足买书的钱。我喜欢把书拿在手里，在一个漫长的冬日，静静品味的感觉。”

值得一提的是，挪威对幼儿是否上幼儿园没有统一要求，由家长自行决定。因为挪威的社会福利好，一些家长宁愿自己在家照顾小孩，实行一对一教学，而不愿意送进幼儿园。据说2003年，挪威全国幼儿（1～6岁）的入园率为70％。一个34岁的母亲说：“我一直没有把孩子送到幼儿园，而是留在家里自己照看，教他识字、画画、弹琴，我觉得这更有针对性。我每天都带他到公园玩，这里有很多小朋友，他一样可以和同龄人玩，并不孤独。现在，为了让适龄儿童更早上学，政府把幼儿接受义务教育的年龄由原来的 7 岁改为 6 岁。明年等他满 6 岁，我就要直接送他去上小学了。”

挪威基础教育体系的建立开始于 1739 年。义务教育的年限由最初的 7 年发展到现在的 9 年。1997 年，挪威又进一步把义务教育年限延长到 10 年。现在，挪威已经形成了非常完备的从小学至初中的义务教育学校系统。

挪威 10 年义务教育包括小学和初中两个部分，不过小学和初中的分界线不是和我们这么明显，从小学过渡到初中也不需要换学校，都是在同一所学校完成。其中第 1～4 年为初级小学（Lower Primary Stage ），第 5～7 年为高级小学（Upper Primary Stage ），第 8～10 年为初级中学（Lower Secondary Stage）。

10 年义务教育结束后，挪威孩子便开始进入高中教育阶段（Upper Secondary Stage），为取得进一步接受高等教育、职业教育或其他教育资格而做准备。

挪威教育非常注重促进学生德、智、体、美全面发展。除数学课外，他们的课程大多是一些人文类课程，如基督教知识和宗教伦理教育、挪威语、社会学、美术和手工、英语、音乐、体育等等。除规定的 9 门课程外，学生还要从第二外语和实用技术课这两门课程中选择一门作为选修课。

高中除了普通基础课程的学习外，也非常注重实际技能的学习。例如，高中还包括职业性很强的 15 种行业的学习，如商业行政、艺术、体育、卫生、社会关怀、农业、林业、渔业、饭店、食品加工、建筑、工业等。Johannes 在高中一年级就上了全国统一的 15 门基础课程，到二年级时，他选择职业课方向，经过三年级的实习活动，他已经顺利高中毕业，并找到一份理想的工作。他的很多同学选择上非职业课方向，现在已经成为大学生。但是，是否上过大学对他而言并不是最重要的，这并不影响他的就业，也跟面子无关，只是个人兴趣爱好的问题。

1994年后，政府要求16～19岁的公民都要接受高中教育，对于那些不上高中的人还要实行跟踪调查。目前，挪威全国25～64岁的公民中约有83％的人受过高中以上的教育。为了确保人人可以接受教育，政府对教育的投入很大。据挪威教育科研部的有关资料，挪威每年的教育支出总额占国内生产总值的6.8％，已超出欧洲经济合作与发展组织提出的4.9％这一平均数。

二、边玩边学习

挪威人崇尚到大自然中去学习、凭兴趣来学习的精神。他们认为“教育应顺应儿童天性，给儿童充分的自由”，“玩是孩子的天性，也是孩子应有的权利，只有满足孩子的天性和权利，他们才能获得健康和快乐”。

在挪威的幼儿园，甚至是小学，学生的重要任务就是“玩”。老师经常组织幼儿玩游戏，搭积木，讲故事。一位挪威人评论说：即使是玩，他们也追求让孩子玩得高兴。他们总是就地取材让孩子们玩，例如在吃午餐的时候，他们会任凭孩子变着花样玩刀叉、勺子这些餐具。孩子们如果玩得有创意还会受到表扬，而不会被斥之为调皮捣蛋或者被贴上“问题孩子”的标签。老师们也总是不厌其烦地帮助孩子收拾残局。看到中国幼儿园很多老师帮幼儿代办或包办的行为时，这位挪威人谈道："老师与其花时间喂一个幼儿吃饭，还不如让他们自己吃，最后帮他们收拾残局。在挪威，我们每个班级都有自己的厨房，这是为了让儿童体验真实的生活，学会凡事自己动手。最重要的是，我们把厨房当成了孩子们的游戏场所。孩子们在这里自己动手做饭、盛饭、洗碗等。当然他们自己做不好，但做不好也会让他们做，最多老师辛苦一点，在他们做过之后再做一次。孩子们必须这样才能真正学到本领。"

挪威很多学校都设有活动中心，供孩子们玩耍，发展兴趣爱好。活动中心为了满足不同孩子的兴趣爱好，一般会分成几个区，例如积木区、绘画区、图书区、音乐区。孩子们通常会在这里一起玩，例如一起弹钢琴、唱歌或跳舞，以及画画。一些幼儿园还专门为男孩子提供了"飞机场"、"驾驶室"，男孩子都喜欢在这里扔纸飞机、追逐打闹。幼儿园也为女孩子提供一些医疗设备玩具，让女孩子扮演医生护士，互相帮忙看病、打针。

在课堂上，挪威人也鼓励边玩边学习的精神。他们开了很多实用课程，例如木工课、陶艺课、绘画课、折纸课等。孩子们经常玩得不亦乐乎，整个教室乱成一片，但充满了欢声笑语。这些孩子从小就在课堂中学会了很多木工活、电工活等。他们长大之后，经常要自己修理家里的水电，而不会找物业公司来修理。嫁到挪威的中国女孩小雪说，最开始认识杰克是因为一次驾车在路上抛锚了，在那个天寒地冻的季节，她完全崩溃了。杰克正好路过，发现她在风中瑟瑟发抖。他非常热情地帮助她修好汽车。小雪感到很诧异，这个博士刚刚毕业的年轻人，车上居然备有各种各样的工具，他修理的速度和水平丝毫不比一个专职的汽车修理工来得慢和差。正因为如此，她对这个年轻人产生了浓厚的兴趣，慢慢地爱上了他。现在家里什么坏了，小雪根本不用发愁，杰克似乎天生就是修理工，从马桶、冰箱到空调，他什么都会修。现在他们的儿子才两岁，最喜欢看的片子就是《八步工程师》，整天摆弄着那些修理工具。杰克对儿子这样的表现很自豪，他在修理的时候，也总是把儿子带在身边，让儿子模摸这里，摸摸那里。要是我们，因为害怕孩子捣乱，在修理的时候一定会把孩子拒之于门外。

在挪威留学多年的小陆告诉笔者，为了激发孩子的学习兴趣，挪威人非常注重顺从孩子玩的天性。例如，孩子们看到插座或者灯泡都喜欢去玩，挪威人一般不会斥责孩子或者恐吓孩子。他们会把孩子抱到灯泡前，让孩子去摸亮着的灯泡，让他自己去体会灼热的温度，经过这个过程，孩子对灯泡有了感性认识，以后就知道不要随便玩电。这是一种很好的疏导的方法。

挪威人不但重视室内课堂上让孩子在玩中学习，他们更强调孩子需要到大自然中去玩和学习。幼儿园的老师经常把孩子带到户外，让孩子去爬树、滑坡、搬石头、捉虫子。他们认为，大自然是最好的老师，人只有到大自然中才能获得真正的安宁和快乐。因此，不管春夏秋冬、刮风下雨，他们都会把孩子带到室外。在挪威，经常可以看到孩子们穿上特制的防雨或防雪服去室外玩。在挪威人的概念里，“没有坏天气，只有不暖和的衣服”。无论天寒地冻，学生们都要有一定的时间去户外活动。据说只有零下20多摄氏度的时候才不用带他们外出。有个来自中国南方的女教师就曾经抱怨过，零下几摄氏度的情况下带着孩子去森林或公园做户外活动，又冻又累，很辛苦。很多别的国家的教育工作者到挪威，看到这种情形都很诧异：这里的老师怎么在大雨天和大雪天，也带学生到户外活动？但是挪威人一点不觉得稀奇，越亲近大自然，越健康。在不同的环境中，孩子们能有不同的体验，能学到不同的东西。

挪威人酷爱户外运动，滑雪是其中最受欢迎的一项，挪威有“滑雪发源地”和“滑雪故乡”之称。孩子在学会走路之前，就在脚踝上绑上滑雪板，做滑雪的动作，父母似乎并不担心孩子摔跤。每个挪威人都拥有一系列的“滑雪板”成长故事。这使得他们终生热爱滑雪，在冬季的奥斯陆大街上，随时都会遇见一些扛着滑雪板的人，甚至是白发苍苍的老人。

有意思的是，挪威人这种热爱自然、在玩中学习的精神，据说跟他们的地理位置和天气条件有相当大的关系。因为挪威三面环海，境内多山，交通相对比较闭塞；地处北欧，气候又相当严寒。无论是地理还是气候条件，都让他们人与人之间的交往变得困难，更何况挪威本来就是个地广人稀的国家。没有很多人可以交往，他们从小就懂得要和自然打交道，到大自然中去获得乐趣。因为从小就在严酷的自然条件下求生存，他们也养成了一种在恶劣天气中依然不屈不挠的精神，因此他们从不畏惧坏天气。无论如何天寒地冻，他们仍旧会跑到室外，玩得相当快乐，并且努力从中学到新知识、新本领。

三、尊重个体、心怀人类

挪威人感到幸福，是因为他们每一个人作为个体都能够得到尊重。无论是幼儿园的孩子，或者少数族裔，还是残疾人，在这里都可以感受到个人的尊严。

金吉列留学网站有一则报道，充分说明了幼儿在这个国度享有的尊重。挪威是个以孩子为中心的国家，也就是说，学校是基于平等的基础上，以孩子为中心。在这里，孩子一出生，就是政府的财产，如果父母做得不合格，他们将面临被剥夺做父母权利的可能。孩子出生后不久，会有人到你家里来拜访，询问一些问题，看一看父母对孩子的抚养状况，了解孩子成长的环境。如果政府所派的人发现有问题，就有权利带走你的孩子。据说，曾经有个女人狂爱猫，家里养了几十只，政府觉得她做母亲不合格，那样的猫屋环境不适合孩子成长，孩子就被带走了。

挪威的萨米族人 Tetzchner 曾向笔者讲述在挪威少数族裔感受到尊重。他讲道，虽然 95%的挪威人为日耳曼族，他们萨米族大约只有 3 万人，但是，他们并没有感到受歧视。相反，还处处感到受尊重和受保护。他现在可以上专门的萨米族课程并使用萨米族教材。与其他人交流很通畅，因为在政府的推动下，大部分挪威人都或多或少了解一些萨米文化，如语言、历史和社会生活等方面的知识。因此，他感觉他们并不孤独。

挪威女孩伊莎贝尔因为患小儿麻痹症，落下了残疾。但是，她说起自己的残疾非常坦然，没有丝毫的拘谨。她说她并不觉得跟别人不一样。虽然上着残疾人学校，但是，学校还是把他们当作正常孩子一样来教育。虽然学校也会考虑他们的特殊情况，例如学校有针对聋哑儿童的特别课程，同时还为聋哑学生设计了英语、戏剧、节奏等方面的补充学习，但是，在他们力所能及的其他方面，学校并不会给他们特殊的待遇。因为学校相信，他们和正常人一样，有能力做到那些事情，他们也需要获得与健全人一样平等的教育。

（一）尊重个体差异

我们中国人追求统一，讲求“中庸”之道，喜欢中规中矩，并不鼓励差异。然而，在挪威，差异是值得鼓励的一件事情。例如，挪威学校普遍存在“混龄教育”，就是为了彰显差异，并教育小孩尊重差异和互相帮助的精神。在混龄班级中，学生的年龄差异比较大，甚至可以相差 7 岁。例如一至七年级的学生可以组成一个班级，八至十年级的学生组成一个班级，有时甚至在一个班级中包括一至十年级的学生。年龄相差如此之大，在处理很多问题时，差异就非常明显。然而，挪威鼓励大家不用同一标准去看待每个人，而应该根据每个人的特长，去引导他们。正是因为差异的存在，所以鼓励他们互相关心和帮助。

挪威国家基础教育核心课程纲要中明确指出：“学校必须是为每一个儿童开放的，并且教师有责任注意到每一个学习个体。教学模式不应仅仅适应学科的内容，应根据学生的年龄及特点，培养他们在整个学习过程中的综合能力。教学设计必须有极大的伸缩性，以尊重学生能力的差异及不同的发展速度。”

挪威对学生个体差异的尊重还表现在不用同一的分数标准去衡量他们。他们的义务教育阶段基本没有考试，据说只有在十年级，初中教育结束时才有一次综合笔试，且只包括挪威语、数学和英文其中的一项。一般在小学阶段没有分数奖评，只有在初中阶段才采用评分的方式，数字评分系统的衡量是 6～1 分，6 分为最好，1 分为最低。这种评价机制目的在于缩小学生之间的距离，同时淡化竞争和压力给学生带来的负面影响。

（二）尊重人的自主性

即使在幼儿园里，每个幼儿也都被鼓励发表自己的见解，他们不用担心自己问题的幼稚。无论是什么问题，他们都可以从老师那里得到耐心的解答。教师鼓励并尊重儿童积极的个体行为，允许儿童按自己喜欢的方式行事，从不强迫儿童。

挪威提倡启发式教学，而非填鸭式的满堂灌。教师并不教授很多的知识，而是把时间留给同学们以小组的方式自由讨论，展示自我。他们的课程不像我们这么多，但是每一门课程老师都会布置很多的阅读资料，让学生自己去阅读、去思考。上课的时候，老师会让大家谈谈看书的体会，对某些问题的看法。经过这样的过程，学生们会真正学到很多的东西，而不是照本宣科式的左耳进、右耳出。很多中国留学生一开始并不习惯这种放羊式的教学方法，觉得自己要看的资料太多，毫无头绪，而且上课要发言，顿时感到压力很大。但经过一两个学期，他们大多体会到这种启发式教学的好处，最重要的是，他们逐渐调动起了自主性和能动性。一旦个人的自主性被调动起来，他们就感到自己充满了对知识的渴求和学习的动力。留学挪威两年的胡睿谈起自己的经历时说：“最开始，我感到我在课堂上有很大的压力，慢慢地，我发现不管我提出什么问题，哪怕多么的幼稚，都可以得到教授的肯定、鼓励和耐心解答，我感到自己在课堂上很受尊重，这种感觉实在太好了。以后，我也要从事教育事业，我希望我可以把这种启发式教学的方法带回到国内，让更多的人通过学习来发现自己。”

从挪威回来的一位朋友小陈曾经对笔者谈到，一天她的一位挪威朋友很高兴地告诉她，她要成为外祖母了。小陈大吃一惊，她唯一的女儿，才19岁，竟然未婚先孕，而这位刚过不惑之年的朋友，居然感到很开心。如果是中国人，一定会让女儿偷偷地把孩子打掉，然后上完大学。面对小陈的疑惑，挪威朋友解释道："我不能强迫女儿，虽然她是我的女儿，但是，我不能代替她走她的人生。这是她的人生，是她的选择，我必须尊重她的自主性。"

（三）尊重合作精神

挪威的教育强调培养学生团结合作精神，让他们懂得相互妥协，互相照顾。在挪威，我们经常听到"samardbeid"这个词，意思是"协作，合作"。他们非常重视对人的合作精神的培养。一个人只有善于合作，才能做好事情。合作精神也是做人的基本的要求。

挪威的一个老师萨特说："我们对学生合作精神的培养，可以追溯到幼儿园时期。我们提倡不同年龄的孩子在一个班级，一起玩耍，一起学习。可能大家会认为不同年龄的孩子能力不同，难以管理，但是我们觉得要把苦难留给老师，最重要的是，让不同年龄的孩子学会互相协作，例如年龄大的孩子可以帮助小的孩子穿衣服、穿鞋戴帽、使用刀叉吃饭、上厕所。跟年龄小的孩子在一起，大孩子也会产生帮助弱小的意识。这对于独生孩子尤为重要，因为在家里他们没有兄弟姐妹，缺少同龄人的分享和协作，那么至少我们保证孩子在幼儿园教育中可以对此进行很好的训练。如果孩子上了小学、中学，他们需要合作的地方就更多了。我们经常以团队为单位给学生布置学习的任务，他们必须学会分工合作，互相协调，才能把事情办好。如果有一位同学出现困难，大家都会积极帮助他。因为他们是一体的，他们会以团队为整体得到评价，而不是单独接受老师的评价。这样，他们从小就知道需要互相帮助。”

（四）心怀人类

挪威教育还鼓励开放意识，心怀人类的意识。挪威是小国，但也是强国，最根本的原因是他们没有坐井观天、故步自封。正是因为意识到自己国家狭小，他们更注重开放意识的培养。有人把挪威的学校比喻成一个小小的联合国，这里什么肤色的人、什么民族的人都可以见到。在教师的走廊中，也许你会碰到一个戴着面纱、信仰伊斯兰教的中东少女，或者是一个皮肤黝黑的非洲少年，又或者是略显腼腆的亚洲人。据统计，目前，在挪威留学的外国学生已经占学生总数的四分之一，个别学校甚至达到40%。这样高的比例在全世界绝无仅有。这是挪威政府有意识的一个安排。考虑到挪威本身人口稀少，地域狭小，不能向内发展，必须向外开拓，这样才能保持挪威的勃勃生机与竞争力。因此，他们的教育鼓励多样化和国际化，鼓励学生学会和世界上不同民族、不同宗教和文化背景的人打交道。

现在的时代节奏非常快，科技发展迅速。世人的关注点似乎都转向高科技、太空。人类可享受的物质生活越来越富余，但并不一定见得更加幸福。有时，我们在关注高科技的时候，忽视了对人类自身的关怀。

挪威人意识到这一点，他们的教育自始至终突出关注人类、心怀人类这一点。教育学生如何做人是教育的一大核心问题。即使在中学，他们也开设了深具哲理的“人类学教育”课程。《中国青年报》曾经有一篇题为《挪威中学生：不忙考试整天思考人类问题》的报道，介绍挪威的人类学课程。他们的“人类学教育”课程充满了人文主义精神，在这个物欲横流的社会，显得别具一格。在他们的课文中，不惜大量篇幅介绍诸如“探求人类的生活意义”、“有创造性的人类”、“从事劳动的人类”、“全面发展的人类”、“有环境保护意识的人类”、“有合作意识的人类”、“受全面教育的人类”等重要议题。他们指引学生思考人生的意义、人的终极关怀，教育学生要学会和不同身份、不同文化的人和平共处、合作共事。鼓励人的全面发展，关注地球、关注环境、关注他人，进而关注自己。挪威学者比特评论道：“我们需要培养学生理解、宽容别人的能力，不懈地追求生活的真善美。我们的终极目标不在于宇宙飞船上天，这只是人类实现幸福的途径，而非幸福本身。挪威的教育，不是为教育而教育，而是真正为实现人类的幸福而教育，这正是教育所要真正达到的目标。”

四、追求平等

挪威与北欧其他国家一样，孜孜以求平等的幸福理念。他们用福利制度来确保国民的平等和幸福，无论是哪个阶层的人，都可以平等地享受政府的福利。《中国青年报》曾有文章报道：挪威奥斯陆大学教授斯特那·斯蒂诺透露，挪威国家预算约35%都花在健康与福利制度上。在挪威，全体公民都可享有“最低基本养老金”以及以就业年限和收入水平为基础的“补充养老金”；那些因工伤事故或者长期疾病而失去工作能力的公民，可获得伤残抚恤金；失业公民则可享受为期一年的原工资水平60%的失业救济金。

根据挪威法律规定，任何来自不同文化和经济背景的社会成员，不论居住在挪威何地，不论其性别、种族以及生理和心理能力如何，都有平等受教育的权利。在倡导公平的机制下，生活在挪威的所有儿童，包括暂时居住在挪威而非本国的儿童，都享有平等受教育的权利。

这里的平等观渗透生活的每一个层面，与我们现在体会到的贫富不均、城乡发展不平衡形成鲜明的对比。《经济观察报》记者曾经询问丹麦人赫图安挪威政府具体是怎么样缩小贫富差距的，赫图安回答道："我们要在穷人和富人之间实现一定的平衡，避免过度的收入差距，对高收入者征收比较高的税收，低收入者相对较低。另一个途径是社会福利体系，即社会服务的获得并不取决于你的收入，不论穷人富人都能得到同样的教育和医疗服务。"他还告诉记者他们的农村和城市人口没有大的贫富差距。甚至可以说某种程度上，挪威的情况和中国相反，挪威的大多数农村居民在物质上要比城市居民过得更好。他们大多数是兼职农民，同时也是教师、工程师、司机等等。

挪威平等的幸福理念非常典型地表现在男女平等上，这被挪威人骄傲地称为"挪威模式"。瑞士世界经济论坛曾经发表《2008年全球男女平等差距报告》指出，挪威是男女最平等的国家，芬兰和瑞典分别排第二和第三，而中国则排第五十七。

挪威早在1978年6月9日就颁布《男女平等法》（*Norwegian Gender Equality Act*）。该法案第1条指出"本法以促进男女平等，特别以提高妇女地位为目的"。该法案为在挪威社会生活各个领域倡导男女平等观念、推行男女平等措施，提供了基本法律保障。

挪威的男女平等理念坚持从小抓起，从幼儿园抓起。1996年以来，挪威的《幼儿园教育内容和任务纲要》就强调幼儿园教育活动应该建立在两性平等的基础之上。在挪威，没有在两性平等上下足功夫的幼儿园不能称为优秀幼儿园。无论在学前师资教育和幼儿园教育，他们都极力提倡改变传统的性别角色模式。

挪威统计局社会和人口研究部的海格·布朗保格先生曾经告诉《中国青年报》记者："挪威家庭政策的目标，是使男性和女性都能同时兼顾孩子和工作，找到家庭生活和事业之间的平衡。""在挪威，如果家里有小孩出生，生育费用是全免的，而且父亲和母亲都有权利休产假。如选择休全薪产假，可休46周；如选择休带80%薪水的产假，则可休56周。"怀孕妇女只要在过去10个月中工作6个月，就可享有"全薪产假"，这样的权利最多可享有6次。而且，"母亲在产前3周和产后6周必须休假，而父亲则必须休满46周中的至少10周。不过，现在越来越多的挪威父亲选择休比10周更长时间的产假"。布朗保格说，他的一个朋友就因为家里3个孩子的陆续出生，在5年时间里总共休了近3年的"父亲产假"，而且都是全薪假。

挪威最大的社会研究机构之一挪威社会研究所（NOVA）的阿克塞·海特兰德先生说："挪威每年的社会福利预算中，有大约13%花在家庭和儿童方面。"现年50岁的多克，一口气生了4个小孩，他每年都可以从政府那里拿到很高的子女津贴，他说，孩子越多，津贴标准就越高。他最大的女儿今年已经15岁，他说因为还不满16岁，他还可以继续为他女儿领一年的子女津贴。虽然像他们这样生了4个孩子的家庭并不多，但是大多数家庭都有两个孩子。这和高补贴有关系。对于独生子女政策，多克有很多话说。他说："我无法想象，一个孩子要怎么教育？孩子太孤独了。我们有4个孩子，他们经常在一起玩，组成一个足球队。他们年龄不同，大孩子会帮小孩子，因此，很小就培养了良好的合作精神。"

政府的高福利政策，对妇女和儿童关爱有加。挪威的女性虽然平均要抚养两个孩子，但是，她们仍然活跃于社会和工作的舞台，据挪威社会研究所的高级研究员玛瑞卡·温斯特拉女士介绍，挪威的工作女性占所有女性的72%，而这一比例在英国为62%，在德国为61%，在西班牙则为45%。挪威女人真是工作和家庭两不误。米莉有3个孩子，她经常做甩手掌柜，把孩子留给丈夫带，自己去出差。她说，孩子需要更多地和父亲接触和玩耍，这对于他们的性别发展有利。男孩子可以从父亲那里学习如何成为一个男人，女孩子也可以通过和父亲发展良好的亲子关系，树立健全的两性观念。她笑称，自己的工作创造了丈夫和孩子独处的良好机会。当她听到笔者讲述现在中国80后一代抚养孩子"妈妈忙上网、父亲打酱油"的事后，哈哈大笑起来。抚养孩子是父母双方的责任，任何一个人都不能缺席。

有趣的是，挪威的男女平等还表现在对强奸犯的判决上。中新网2005年4月30日间接援引一则路透社报道，挪威一家法庭2005年4月28日判处一名女子入狱9个月，原因是她强奸了一名男性。这是这个以男女平等为自豪的国家首次做出的此类判决。据称，一名31岁男性向挪威西部城市卑尔根法庭起诉说，他参加一个舞会时在一张沙发上睡了片刻，当他醒来的时候，发现现年23岁的被告正在对他进行口交。根据挪威法律，在对方不清醒或因其他原因而无法反对的情形下，同他进行性活动都将被当成是强奸对方。这名女被告在法庭上称，事发当时受害人并没有睡去，并且同意她的行为。最后，卑尔根法庭还是判处被告犯下强奸罪，须入狱 9 个月，并赔偿 4 万挪威克朗（折合 6335 美元）给受害人。

五、注重生活质量

挪威是个名副其实的富裕国家。据说，挪威人均年收入 4 万美元。联合国说它的富裕程度在世界上排第二。即使是挪威所谓的最穷的人，每月从政府领到的最低生活救济金也是 5000 多克朗，相当于 600 多美元，这比中国大学生的起薪还要高，值得我们艳羡。但是，挪威又是一个典型的“国富民穷”的国家。据说，在世界最富裕的国家中，挪威国民的私人经济情况最差，排到了最后一名，挪威人均占有的财产只有日本的 1/20，如果将挪威人所欠的外债扣除，几乎所有的挪威人都是“一无所有”的“穷光蛋”。

显然，国家充裕的物质财富为挪威人的幸福生活指数提供了坚实的物质基础，但是，那些个人并不实际占有多少财富的国民为何还能感受到幸福呢？除了国家完善的福利让他们的生活没有太多的后顾之忧外，他们的幸福需要归结于他们高水平的生活质量。在联合国网站 2010 年联合国世界生活质量指数排名中，挪威排名第一。在联合国另一项“全球最适宜居住国家”的调查中，挪威又位居榜首。无论从人均寿命、教育水平还是国内生产指数上来看，挪威都高居首位。

挪威政府的高税收、高福利的政策让挪威人认识到，高水平的生活质量不在于他们表面拥有多少财富。也许他们个人的银行存款比不上很多国家的国民，因为他们在高福利、高税收、高物价、高消费政策之下，提倡超前消费，只有这样，才能促进内需，他们的经济才能保持增长。如果个人银行账户钱多，他们要上交的税就多。挪威的收入所得税从大约10％到50％不等。所以，他们宁愿利用银行贷款进行超前消费。所以，他们很多人一边保持着高额的银行赤字，一边开着奔驰，住着豪宅。

政府消费导向政策刺激挪威人提前消费，提前享受。即使这样，在高福利条件下，他们也无须有后顾之忧。除此，他们也真正认识到，人赤身来到世界，也必赤身离去。任何的物质财富未经自身的消费，都不能真正为自己所拥有。因此，他们并不认为银行的存款数目多就真正拥有得多。只有消费过的才是真正的拥有。

挪威人追求高品质的生活。他们可享受的假期多得数不胜数，有复活节、感恩节、国庆节、劳动节、圣诞节、元旦等。在假期，他们可以尽情玩乐。很少有挪威人会为了挣钱、为了工作而卖命。钱和工作只是为了让自己生活得更加开心，而不是生活本身的目的。对于他们而言，前半生玩命挣钱，后半生拿钱买命实在是最不可取的下下策。挪威人杰瑞讲道："人生需要慢慢去欣赏路边的风景，脚步放慢一些，再放慢一些。人生的目的不是挣钱。我们为什么不去海边散步，不去泡温泉、日光浴，不去和家人旅游，而要为了双工资去加班呢？我工作近20年，还从来没有加过班，我们公司也没有强迫过我加班。因为我知道，生命是一个过程，只有自己真正享用过的才是拥有的。"

没有过重的生存压力，挪威人有足够的时间来欣赏身边的美景。挪威本身就是一个美不胜收的国度。在这里可尽享北欧风光，与地中海大异其趣。挪威的海岸线曲折，近海岛屿达15万多个。在冬季，北极圈里的地方看得到午夜的太阳。

六、总结：幸福来自内心道德律的和谐

幸福是一种内心的体验，源自内心的各种道德律的和谐。挪威人可以持续地体验到幸福，跟他们可以坚持内在的道德品质有很大的关系。因为他们早已经把诚实守信当作是一种习惯和信仰，在面对诱惑的时候，他们不再需要做无谓的内心的冲突而挣扎，而可以保持相对的超脱。这是他们可以常常感到幸福的重要原因。

我们经常说：近水楼台先得月；靠山吃山，靠海吃海；常在河边走，哪有不湿鞋？经常会有人利用职务之便，谋求一些私人的好处。厨师可以时不时先尝尝鲜，工作人员经常利用办公室的打印机、复印机为自己或家人打印、复印文件。这并不是什么新鲜事情。但是挪威人对此非常敏感，他们不随意揩别人的油、公家的油。一位长期从事文秘工作的挪威人自己经常写文章，他每个月自己打印、复印文稿要花掉自己很大一部分工资。他笑称，写文章是个花钱的玩意。有外国人问他，为何不在自己办公室打印、复印呢？他听了大吃一惊，很严肃地说："我从来没有想过这样做。工作和自己的事情是需要完全分开的，我必须对公司诚实。如果我那么做了，虽然没有人知道，但是我会感到很不心安。"外国人继续问他，那你如何可以抵挡这个诱惑呢？挪威人说："诱惑？这对我来说从来不是一个诱惑，我并不需要内心斗

争和挣扎，每天下班后回家打印自己的文稿，我感到很开心。我也很感激我的工作，让我可以支付我的一切所需。”

一位曾经在挪威生活的中国人曾经撰文讲述在挪威报纸上看到过的两则新闻，挪威人的诚实由此可见一斑。一个故事是有一个 37 岁的挪威人酒后驾车，在马路上轧死了一个 30 岁的人，当时现场没有目击者，闯了大祸的这位挪威人也不敢声张。警方经过多方努力，却一直没有破案。本来“时过境迁”，这件事差不多要不了了之了。可是这位挪威人良心上受到了责备，尽管事情相隔了很长时间，他经过激烈的“思想斗争”最后还是想做一个诚实的人，主动向警方投案自首。另一个故事则是，卑尔根有一位妇女 1949 年时去市场买鱼，当时鱼店多找给她 5 克朗，最近这位老妇女主动还给鱼店 100 克朗，这包含着差不多半个世纪的利息钱。她对鱼店的主人说：当时她太贫穷了，经不住金钱的诱惑，实在太抱歉了。

也许，有人会说，挪威人有时诚实过了头，不懂得变通，近乎木讷。但是，挪威人自己却乐在其中。公司经理任瑞克说：“我们从小就知道，需要对自己和他人诚实。虽然我们是高税收的国家，但是，我们公司从来不偷税漏税。有的员工自己在外面兼职挣了钱，没有人知道，但是他们也会自己主动要求纳税。我们这里是弹性工作制，只要一天工作满 7 个小时就可以，我们也没有实行打卡，但是大家都很自觉，不愿意迟到和早退，这是内心的道德律使然，并没有人强迫和监控他们。我们为此也感到很骄傲。”

是的，一个人、一个民族，如果可以真正做到道德律的内在和谐，想不幸福都难。

第六章

冰岛：幸福指数最高的国家

冰岛意为“冰冻的陆地”，是欧洲第二大岛。冰岛以火山、冰原、瀑布和温泉著称于世，冰岛国旗包括红、白、蓝色，即代表火、冰和海。这里有着非常丰富的地热资源，受自然的恩赐，冰岛建成了世界上第一个地热供热系统。冰岛的旅游胜地——蓝湖是世界上最大的温泉湖湾，水里富含有效治疗皮肤病的矿物质，每年吸引了成千上万的外国游客来这里泡温泉。

冰岛环境没有污染，是个世外净土。冰岛饮用水也是没有污染的地下矿泉水，水中没有一点杂质。

冰岛，这个只有 30 多万人口的岛国，除渔业、铝矿和旅游等有限资源外，几乎没有其他资源。这样的国家我们一般认为会是小国、穷国，很难与富国、幸福国家相联系。

但是，就是这样一个小国，社会公平，实行高福利、高待遇、高税收政策，从摇篮到坟墓，我们可以想象到的社会保障项目应有尽有。

冰岛没有战争，这里远离二次世界大战的欧洲战场，堪称世外桃源。这里也没有军队，甚至是警察都很少见，仅有少量北约部队驻扎于此。冰岛也没有加入欧共体，傲然而独立。

这个国家犯罪率几乎为零。国民待人诚恳，热情大度，心态平和，快乐简单。长寿的冰岛人随处可见，冰岛妇女更是世界上最长寿的妇女，平均年龄 80 岁。

因此，冰岛经常被各类杂志或各种评价指标评论为“世界上最幸福的国家”。荷兰报章发表的调查显示，世界上最快乐的人群住在冰岛，荷兰排行第二，第三是瑞典，第四是瑞士。

冰岛的奇迹让我们感叹：一个阳光不沛，物质不丰的小国，究竟有什么幸福的秘诀呢？这恐怕还是需要去窥探他们对读书的挚爱以及平等理念下的社会福利制度吧。

一、世界的读书王国

读书可以陶冶情操，可以净化心灵，使人淡泊明志，体验到真正的幸福。这种幸福与一夜暴富带来的大喜或快乐是不同的。这种幸福平淡无奇，但却经久不散，这是内心一种非常和谐、愉悦的体验。冰岛人的幸福与他们对诗书的挚爱有相当大的关系。

在冰岛，你可以看见白发苍苍的老人、外出捕鱼的渔民、打扫街道的清洁工，都不忘随身携带书籍。书籍在冰岛可谓是畅销物品，几乎每个家庭都会备有一排排的书籍。如果你需要送礼物给冰岛人，一定不要忘记书籍是他们的最爱，在这里，据说连姑娘和小伙子定亲的彩礼也是书籍。

（一）诗书之国

冰岛人是世界上最热爱书籍的人。只要在世界上出现过的图书，在冰岛总可以淘出来。这里的书籍人均出版量属世界第一。刚刚三十出头的小伙子雷克是个热情的书籍收集专家。他对冰岛大大小小的各个书店、图书馆可谓是如数家珍。如果遇到找资料买书的问题，去咨询他一定不会错。他会详细告诉你各个国家出版过的书籍，分别在什么地方可以找到、买到。他从15岁开始收集图书，现在已经开了一个小小图书馆了，几乎哪个国家、哪种语言的书都可以找到。他说：“我现在最希望的就是可以拥有一本毛里求斯出版的书，我已经找了很久了。”为了阅读这些书籍，他学了6门语言。

他已经可以用简单的中文与我们对话。他说，读书对我来说，是一种乐趣，是一个发现自我的过程。当我翻开书本，静静地坐在这里，与远古时期的古人、遥远国度的陌生人对话的时候，我感受到深深的幸福。

冰岛人也非常注重保护书籍，他们很难想象在书上乱涂乱画的行为。雷克说："书就好像是我们的脸，需要好好保护，女人们总是在自己的脸上涂脂抹粉，盛妆打扮，我们爱护自己的书，就好像女人爱护自己的脸一样。"他翻出自己的书籍，每本都用精美的图纸好好地包装了起来，并在书脊处注明书名，分门别类地放在书架上。中国人章念生在冰岛购买两本当地摄影家拍摄的画册，他撰文写道："付款时，售货员笑眯眯地把书接过去，从柜台下面拿出了两个毛线编织的小口袋，为每本书套上了一件'毛衣'。然后再原汁原味地用手线绳扎进，交给了我。我知道冰岛产毛线，手工编织的毛衣非常有名，但我没想到连包书也用它。它还真科学，不怕压，不怕划，又是很好的纪念品。"

因为热爱诗书，冰岛人是真正的"腹有诗书气自华"。他们喜欢古今各国的诗书，还喜欢自己做诗。章念生在北欧亲历中对这个诗书之国有很多的感慨，他发现在这个诗书国度里，居然有不少人对中国的诗歌也相当熟悉。1999 年 1 月 9 日，在冰岛首都雷克雅未克一家文化中心，一位旅冰华人女高音用歌声向近百名冰岛友人和旅冰华人展现了毛泽东的《蝶恋花·答李淑一》。随后，冰岛最大的报纸《晨报》前主编约翰纳松，这位深受冰岛人尊敬的年届七旬的老报人，以那深沉的语调和优美的节奏，用冰岛文朗诵了他翻译并出版的《蝶恋花·答李淑一》等诗作。中国驻冰岛大使王荣华即兴朗诵了《娄关山》和《沁园春·雪》，他的朗诵高亢激昂，博得台下阵阵掌声。此时此刻，外面是冰天雪地，里面却充盈着歌声、掌声和朗诵声，他们给在场的人们带来了融融暖意。2000 年 8 月，章念生采访冰岛议长格伦达尔。他在冰岛是名气不小的诗人，但他从不称自己是诗人，而只是一个诗歌爱好者。谈吐间，他张口就是一首李白的诗，这让章念生感到吃惊不已。

由此可见，冰岛人对读书无比挚爱。徜徉于书山之中，忘怀于俗事之外，生活中充满了诗情画意，这确实是一种非常高级的幸福体验。

（二）读书不用挤独木桥

冰岛早在 100 多年前就消灭了文盲，一直以高质量的教育而闻名于世。1996 年，冰岛颁布实施新教育制度，规定 6～15 岁的学生必须接受十年义务教育，16 岁之后的学生可选择接受普通高中教育或中等职业教育。冰岛基础教育闻名遐迩。在历年的 PISA 测试（世界主要发达国家教育水平测试）中，冰岛学生的成绩一直名列前茅。

1997 年冰岛颁布了一项关于高等教育机构的法案，该法案规定了高等教育机构活动的大体框架。无论是公立的还是私立的高等教育机构，都受国家财政拨款资助。

目前，冰岛共有 8 所大学。其中 5 所是公立的，3 所是私立的。冰岛两所最为著名的大学，一所是位于首都的冰岛大学，建校于 1911 年，在历年的世界大学排行榜上都能排到前 100 名；另一所是位于冰岛第二大城市、北冰岛省省会阿库雷里的阿库雷里大学。

冰岛大学学科齐全，设置了经济商业、工程学、人文、法律、医科、自然科学、护理、药学、社会科学、理论科学等系，阿库雷里大学则设置了法律及社会科学、教育学、健康科学及商业与科学四大系，涵盖了大部分主要的专业。

如果要进入冰岛的大学，需要通过一个大学录取考试。但是，一些有相应领域实践经验的学生，也可以不通过考试就能被录取。对于冰岛人来说，没有千军万马挤独木桥的“黑色七月”。

这里，大学本科教育一般需要3～4年，硕士为1～2年，博士则无固定时间，需要看毕业论文的完成情况而定。要拿到本科和硕士文凭，不需要花费我们中国学生那么长的时间，但是如果要拿到博士文凭，则要付出比我们多得多的精力和时间。23岁的罗特刚刚从冰岛大学拿到博士毕业文凭。他非常兴奋，说这个学位并不是那么容易拿到的。他说，在冰岛，入学一般需要通过考试，他们有自己的一套筛选机制，还是可以筛选出质量高的学生的。但是，他们要进入大学，肯定不会像中国那样千军万马挤独木桥，冰岛大学基本上是宽进严出。要想顺利毕业，要下很大的功夫，不少人读博士读了六七年，这不足为怪。罗特自己读了5年，他为此感到很庆幸，认为自己也算是比较快、比较顺利毕业的人。

因为教学质量高，冰岛吸引了不少外国留学生，特别是来自北欧其他国家的学生。去冰岛上大学很便宜，公立大学都免除学费，每年只要交3000元人民币左右的注册费即可。几乎所有冰岛人都能讲很好的英语，对于其他国家的人来说，语言沟通也没有问题。

当然，接受高等教育并不是成才的唯一途径，即使没有进入大学，一样可以通过进入职业学校成才。早在1867年，冰岛就成立了手工业协会。1869年，冰岛建立了第一所职业教育学校（Reykjavik Technical School）。1997年，冰岛职业教育委员会建议制订更加灵活的职业教育体制，把职业教育与培训细分为个体岗位培训与分阶段岗位培训，对考核合格者授予职业资格证书。冰岛的职业教育在冰岛教育体系中发挥着重要的作用。

冰岛人非常热爱学习，但是，他们在学校的学习时间远远没有中国人那么长。冰岛的学生拥有长达 4 个月的暑假，即每年的 5～9 月。虽然寒假只有圣诞节前后的 2～3 周，但他们的假期还是值得我们艳羡。他们一个学期也没有我们这么长，他们一般一个学期不到 4 个月，我们中国则长达 20 周，近 5 个月。因此，冰岛人更多的学习是自己独立完成的，而不仅仅是在课堂上靠老师来传授知识。从中国去的留学生肖晓非常享受长达 4 个月的暑假，每年她都飞回国内。她说："你们也许认为我很轻松，好像没有什么学习任务。其实，我回来也是为了学习。"这个在冰岛研究中国问题的博士生，需要回到中国来做实地的调研。她说，学习主要靠自己，老师只是起到引导指路的作用。

（三）冰岛的创业教育和创新精神

2010 年 3 月 11 日，国际顶尖商学院英思雅德（INSEAD）和印度工业联合会（CII）联合发布 2010 全球创新指数（GII）报告。冰岛虽然刚刚经历金融风暴的冲击，依然在此次排行榜中位居榜首。

2010 年上海世博会期间，在冰岛国家馆日，冰岛总统奥拉夫·拉格纳尔·格里姆松来到上海世博的冰岛国家馆，谈到了前不久的金融危机。他认为这场金融危机激发了冰岛人的创新能力，他以冰岛馆为例，认为冰岛人正是在资金有限的情况下创新设计思路，建成了这个受到广大游客欢迎的

“冰立方”。

冰岛人的这种创业和创新精神，深深地植入社会的每一个层面。要培育国民的创新精神，最重要的莫过于学校教育。因此，冰岛非常重视、鼓励学生的创业和创新精神。1990 年开始，冰岛逐渐开展创业教育。1999 年，创业教育成为信息技术教育专业的正式科目。现在，创业教育对于鼓励年轻学生的创业意识和创新精神起着很重要的作用。

冰岛的大学生思薇说：“在北欧海盗时代，没有想象力，就无法探索世界。所以，我们的创新精神源远流长。现在，我们还是个小国，如果不创新，我们就没有办法和大国竞争。冰岛人在能源清洁方面处于世界一流水平，大国都需要到冰岛来取经。我们有为数众多的艺术家，我们的交响乐团也是世界一流的。冰岛人现在取得的这些成就，跟我们的勤奋有很大关系。当然，与我们的想象力和创新能力更是密不可分。在这里什么都需要创新。写论文，没有想象力，没有创新，你就会完蛋了。我每天除了看书就是想问题，想得多了，思路也就有了。我有很多同学，大学还没有毕业，就开始想着创业，有的还付诸行动，并且创业成功了。”

思薇还说：“要创新，就必须走出国门，与世界共舞。学习多国语言是第一步。我自己就学了英语、德语、法语、日语、印尼语这几种外语。既然我们小，我们就需要密切关注外部世界，从外部世界去寻找灵感。我们已经把小国的劣势转化为开放创新的优势。”

冰岛人杰出的创新能力很好地表现在对可再生资源的利用上。企业家瑞克说：“冰岛的地理和气候条件实在不敢让人恭维。现在地球变暖，冰岛冰川在不久的将来，可能面临着被融化的危险。我们是如何克服这个难题的呢？只有靠能源创新。没有创新，就没有出路。”经过一批先行者的努力，现在，冰岛已经有三分之二的电力来自可再生能源，就是丰富的水能和地热能。它们为冰岛90%的房屋供暖。如果你到了冰岛，你会很快发现，这个国家的人民是多么有创意地在使用能源。冰岛现在正努力成为世界上第一个不使用化石燃料的国家，冰岛还计划在2050年之前把整个交通系统改造成氢动力。在冰岛，也许你可以很快感受到，这个小小的国家不怕做不到，只怕想不到。

冰岛鼓励企业家的创新精神。《世界企业家观察》杂志对世界上30个国家进行了调查研究并刊登了一篇研究文章，指出冰岛已步入世界上经济创新的富裕国家前列。据统计，冰岛13.6%的人被认为是企业家，而其邻国比率只占4%～7%。在这方面，美国、加拿大及澳大利亚与冰岛水平相当。冰岛妇女也毫不逊色，在占人口近一半的女国民中，10%的人被认为是企业家。

二、福利带来的幸福

冰岛是一个藏富于民的国家。虽然国家很小，但是人民的收入却很高。在冰岛，每个工资收入者必须向政府缴纳工资的39%左右的税，同时政府也给每个人2.3万冰岛克朗的免税额。

因为有“从摇篮到坟墓”的保障，冰岛人生活无忧。65岁的杰瑞近年来一直罹患慢性肝炎。不过看到他，你根本不会把他和一个病人联想到一块。他对什么都兴趣十足，精神抖擞。问及他为什么可以保持这么好的精神状态，他说：“我的病是慢性疾病，要打持久战的。不过我们国家福利待遇好，打持久战就不能问题了。我生病到现在，几乎没有为看病烦恼过，医疗都是免费的。而且，我 3 年前发现这个病的时候，马上办了病休，第二天就开始领工资额 80%的补贴。我现在已经满 65 岁了，今年开始领取养老金。生活无忧无虑，为什么要为生病而烦恼呢?”

（一）生孩子也赚钱

在中国，生孩子是个烧钱的玩意，是“败家”行为。很多人笑谈，实行一个孩子政策好，不用为多一个孩子拼命挣奶粉钱。生了孩子，很多人就变成了“孩奴”，要为孩子幼儿园、中小学的择校费以及上大学的费用烦恼，孩子长大成家了，大多又变成“啃老”族。在房价不断高攀的今天，不靠父母帮助，孩子自己有几个能买得起房?

冰岛优厚的儿童福利着实让我们这群“孩奴”艳羡不已。冰岛人斯丽亚听到“孩奴”这个概念，感到很新鲜而又很诧异。她说：“我们生孩子，会感到很享受，有了一个孩子就似乎成为特权人士了。我生完孩子刚出院的一个月内，每个星期都有助产士亲自到我家探访，教我如何哺乳、照看婴儿、给婴儿体检、打预防针。我女儿刚出生，我和丈夫尽情享受了 450 天的补贴产假，这个补贴是我休产假之前工资的 80%。因为现在孩子可以每个月领取生活补贴，一直到 16 岁，以前每个月是 1 万多克朗，现在要涨到两万克朗，我们的经济状态甚至比我休产假前还更好了呢。以后孩子从小学到大学，都不用担心学费问题，这些教育都是免费的。”

维克有两个儿子，小学刚毕业，两个孩子就整天闹着要去打工，要自己养活自己了。在冰岛，一个中学生，如果还要向父母拿钱，那是很没有面子的事情，会被人笑话。买房子就更不是必选项了。自己有钱当然可以买，没有钱租房子住也会感到非常开心。这种四海为家的豪放何尝不是他们幸福的重要理由呢？

（二）冰岛的“共产主义”社会

和其他北欧国家一样，冰岛人的幸福还在于他们的民主社会主义道路。他们是资本主义国家，但他们又不同于资本主义只强调市场经济的传统导向。国家对经济的不干涉主义带来众多的发展失衡和贫富分化的问题。北欧国家意识到纯粹市场经济的弊端，开辟了“第三条道路”，国家加强对经济的调节和分配，实行高福利。他们是典型的民主社会主义道路。甚至有人认为，冰岛社会就好像进入了一个“共产主义”的社会。

冰岛的民主社会主义早已不存在物质匮乏的问题了，他们的人均国民生产总值位居世界前列，冰岛人均收入早在10多年前就已达3万多美元，每两个冰岛人拥有一辆汽车。这使得他们有“资本”实行“共产主义”。

事实上，冰岛还真的有“共产主义公社”。梦晨主编的《欧洲之旅》曾经讲述过冰岛有一个叫“史耐赛”的公社，实际上是一个生态农庄，该公社的宗旨是：热爱地球、爱护环境，并希望通过自给自足，来创造一种与现代文明迥然不同的新的生活方式。公社的社员仅有三十几人，每个社员都分到一幢建在悬崖之上又面临大海的小木屋，呼吸的是完全纯净的空气，喝的是天然的山泉，吃的是未经污染且从不施化肥、农药的庄稼和瓜菜。公社提倡按摩、针灸、草药、气功、瑜珈、静思、催眠等疗法。这个“绿色大家庭”，每天早晨起床后即以静坐沉思或宣讲开始一天的生活，一日三餐也是全体成员在一起享用；周末的晚会、舞会或聚会则更显出他们亲如兄弟姐妹。不过，公社的基础并非只是空洞的理想和古朴的疗法，为了让社员们享受到富足的物质生活，公社允许部分“资本主义”的存在。从某种意义上来说，整个公社活像一个有限公司，而社员全是股东。每天有很多游客去公社参访，他们都以好奇又困惑的目光注视着这个兼顾个人和集体利益的“绿色社会”。

中国人晓方去冰岛生活已经多年。他戏称是到冰岛享受“共产主义”的优越性来了。这里生孩子免费，看病免费，失业有救济金，退休有养老金，“从摇篮到坟墓”的福利，应有尽有，真是个理想的大同世界。像他这么优秀的中国青年，要去美国、英国不成问题，但是，他偏爱冰岛这个小国。他笑着说：“是他们的‘共产主义’诱惑了我。我在冰岛的一些朋友失业了，每个月可以领到约合 1.1 万元人民币的失业金，老年人每个月领到的养老金相当于 8000 元人民币，这相当于我们国内刚毕业的大学毕业生平均月工资的 3～5 倍。我在这里生过几次病，看病非常方便，从来没有付过医疗费。有人生病在冰岛没有看好，还可以申请出国看病，家属陪同一人，国家也会给他们报销所有的费用。在冰岛，上大学都免费。这里没有穷人，真像个世外桃源。在这里生活，我没有什么可操心的，现在挣了钱就想买辆车去旅游。”

不少中国人来到冰岛，对他们良好的社会治安感叹不已。冰岛人路不拾遗，在路上捡到钱，他们会想方设法归还失主。或许，冰岛人的词典里就没有“偷窃”一词。在冰岛卖防盗门非要破产不可，这里几乎没有人会装防盗门。冰岛政府为国民建很多小别墅，这些小别墅的主人去外地，通常也没有给房子上锁。游客可以随意借用这些房子。他们相信，游客会自觉爱护房子，并自觉付费。

因为没有生活的后顾之忧，冰岛人感到很幸福，心态平和。他们不会挖空心思去和别人竞争，只是静静地享受生活。挣了钱也不用着急存起来或者投资，想花就花，花得神气潇洒，不像我们那样花点钱还会有负疚感，似乎总把花钱与败家联系在一起。冰岛的自然环境也很好，空气质量好，没有什么污染，水果即使不洗也可以吃。更重要的是，他们有很多的温泉，这是他们休息疗养的最佳场所。任何工作的劳累与俗世的烦恼，都会分解在暖暖的温泉水之中。难怪冰岛是世界上最为长寿的国家，这里，女人平均年龄81岁，男人76岁。在冰岛，60岁还算年轻呢。

（三）破产依旧幸福

冰岛因为受世界金融危机的影响，政府一度面临“国家破产”的危险。然而，这场危机并没有动摇国民的幸福感。

面对破产危机，冰岛的政府官员非常淡定和自信，例如，冰岛共和国驻华大使贡纳尔曾指出：冰岛政府远远没有到破产的地步。它要求严格区分政府财政和银行部门，并且肯定冰岛这个国家依然运转正常。《中国经济周刊》记者曾经专访了2010年1月刚刚上任的冰岛驻华大使柯丝婷（Kristin A. Arnadottir）女士，谈到这场危机，她承认随之而来的影响是“许多人损失了他们的存款，失去了工作，物价上涨，我们的高质量生活受到影响”。尽管如此，柯丝婷并不认为冰岛国民的生活水平因此受到了重创。她说：“我们正在经历一场经济衰退，但如果把我们和世界上一些不知道高质量生活是什么样子的国家相比，把我们曾经拥有的和现在还在拥有的生活与他们相比，我们不是贫穷的，我们仍然是富有的国家。”

那么普通老百姓又如何呢？政府官员显示镇定也许会被人认为是作秀，但如果老百姓即使身陷困境，依然感到有信心，依然可以享受到幸福，就真正说明这个国家的不同寻常之处。事实上，危机后的冰岛的正常生活没有多大的变化。一些中国记者对冰岛进行专访，发现危机过后，冰岛的路上的高档车如路虎等更多了。很多老百姓对危机并不以为然。拉松轻松地说：“我的资产缩水了，少了一半，要勒紧裤带过段穷日子，这对我来说也是一个新的体验。我相信，我的生活不会因为资产的多少而有本质性的改变。我还是和往常一样，经常去爬山，驾车去旅游。”

赛亚的资产则基本上没有受到金融危机的多大影响，像他这样的人还真为数不少。他们就好像我们的“月光族”那样，每月把钱花得光光的。反正不用担心个人生老病痛，有钱就花，没有多少银行存款。银行系统要崩溃的传闻，股票暂停交易的消息，把总统都急得心脏病发作，住进医院。对他们来说，却没有多大影响。即使有人在股票市场有点钱，也都不是救命钱，没有必要为此而着急得心脏病发作。冰岛人还是相当乐观的，他们居然可以从危机中发现机会。赛亚说：“我们发现冰岛克朗贬值，吸引了很多外国游客到冰岛购物。我们的旅游业和商业又兴旺起来了。”

当然，冰岛多年积累的巨额福利金受这次冰岛克朗贬值影响有所缩水，但目前来看，对冰岛并没有什么致命性的打击。冰岛在今后一段时期内继续维持现有福利水平并没有什么问题。

三、女人的天堂

冰岛是女人的天堂。无论在政坛，还是在家庭中，都是巾帼不让须眉。冰岛人不像美国人那样结婚就冠以夫姓，而是和我们中国人那样，始终保持自己的姓氏。冰岛女人有很高的地位，很大原因来自以前冰岛多渔民，常年外出捕鱼，需要女人在家支撑大局，这养成了女人们非常强悍能干的性格，也形成了男人对女人尊重的传统。

据英国媒体 2010 年 10 月 12 日报道，瑞士非营利组织世界经济论坛（WEF）以世界 134 个国家和地区为对象，就政治赋权、教育程度、就业机遇和健康等 4 个领域的性别差距程度作出评估。在他们发布的 2010 年《全球性别差距报告》中，冰岛继 2009 年之后再度登顶，被评为世界上性别差距最小的国家。根据该报告，截至 2010 年，冰岛消除了 85%的性别差距，其性别平等状况比包括美国在内的其他 133 个国家和地区更好。

（一）裸奔游行为争权

冰岛女性在政治上享有很高的地位。在冰岛，总统和总理职位不乏女性任职者。在国会中，冰岛妇女党占有一定的议席，发挥着重要的政治影响力。

冰岛的第一位女性总统维格迪斯，是世界上少有的靠普选出任共和国总统的女性之一。维格迪斯不但获得女性选民的支持，还获得很多男性选民的支持，据说，这跟冰岛男性公民对妇女俯首听命的传统有很大关系。

冰岛的首位女总理尤汉纳·西古札妥是一个同性恋者。冰岛国会刚表决通过“同志”婚姻法案，赋予“同志”婚姻权，尤汉纳·西古札妥当天就迫不及待地与同居多年的女友正式结婚，成为全球第一位任内和同性恋人结婚的国家领导人。

冰岛女性历来具有通过游行争取政治权力的传统。例如，1986年10月，女人们为了抗议男权社会，显示女性在社会上的重要地位，实行了长达48小时的罢工，全国因此陷入了瘫痪。结果男人们只能靠面条充饥。2005年因为冰岛财政危机的刺激，女性举行罢工。（冰岛大学两位著名的性别研究学者受议会委托进行研究，认为财政危机问题不仅在于少数男性合谋使用金融手段谋利，还在于大男子主义理念的宣扬使一些公司的存在正当化。）这主要以机车集团公司的主席戴维·奥德森曾为代表。他们曾经争论说，只有男性而非女性才有魄力有能力去选择这条经济发展道路。

非常有趣的是，冰岛有个女性发起的“威狄大游行”，每年一次，这些女性大部分全裸或半裸着上街游行，只是为了抗议某些男女不公平的地方。与此形成鲜明对比的是，冰岛法律禁止国人在家内裸体。每次“威狄大游行”都能在国内外引起轰动效应，吸引世人的眼球。冰岛女性的这一招抗争往往可以带来很大的反响。希莉连续参与了近几年的“威狄大游行”，当她问及参与游行的感受时，她非常坦然。她说：“我们需要通过全裸或半裸的方式，来表达我们对不公平的不满，来引起大家的关注。我们的家人很支持我们这么做，因为这是我们自己的选择。”

2010年10月25日，冰岛官方数据显示，冰岛女性的平均工资仅为男性平均工资的65.65%。受此刺激，5万名冰岛女性和她们的支持者（占冰岛人口的1/6），走上街头参加罢工，呼吁消除薪酬的性别差距。

即使在受到金融风暴冲击、冰岛面临破产危机之际，民众也从性别角度去认识经济危机。冰岛人呼吁女人要站在危机的最前线，用女性精神去带领冰岛走出危机。危机发生后，有人观察到，在机场接送来客的的士司机都是女性，而在保健水疗中心的按摩师竟然全部是男性。纽约城市大学教师 Janet Elise Johnson 曾经指出，面对经济危机，具有独特而有力的女性主义传统的冰岛，作出了与美国不同的反应。在经济危机后的美国，男性霸权未能得到识别和批判，在美国财政危机委员会发布的关于经济崩溃原因的报告中，对男性气概的影响只字未提。而冰岛有着活跃的妇女运动，冰岛民众也善于从性别视角去认识经济危机。危机发生后，民众呼吁以“女性价值”取代维京海盗式的极端男性传统价值。

冰岛奥度资本公司的创立者赫拉·托马斯多蒂和克莉丝汀·皮特斯多蒂，成立女性公司，希望将女性的价值观带进男性社会，更希望通过女性的努力来拯救破产的冰岛。赫拉认为她们有 5 个核心的女性价值观——风险意识、利益原则、情绪资本、直言不讳、独立。这些有助于帮助冰岛走出危机。她们在自己的公司内，也偏向雇佣女性员工，因此男性员工很少。

冰岛女性的游行抗议，产生了很多有利于女性的政策。例如，冰岛推动同性婚姻合法化。即使单身，同性恋的女性，也一样可以成为合法母亲，法律特别允许她们获得社会捐助的精子、卵子。这样，冰岛由此产生的一些儿童，有的并不知道自己生物学上的父亲或母亲是谁。沙莉就是一个接受精子捐助的女性，她说：“我并没有觉得我和女儿跟别人有什么不同，人们也没有用异样的眼光来看我们。是否知道血缘上的父亲是谁有那么重要吗？是谁并不会让我们的生活有任何的改变。”

冰岛女性运动还推动男女分享产假，推动政府提供高质量的学前教育和托儿服务，使得女人有更多的时间可以兼顾子女照顾和工作。因为男女分享产假，公司在雇用员工的时候就不太会认为女性生育会更多影响工作的问题。如果有哪个公司因为女人要休产假问题拒录女员工，他很快就会淹没在众人指责批判的口水中。

女性运动也推动了冰岛的一些立法偏重于考虑女性的利益。2009 年，冰岛效仿瑞典，修改法律将嫖妓定为犯罪。同时，他们又保护妓女免于被起诉，并关闭脱衣舞夜总会。这似乎有点双重标准之嫌疑。2010 年 3 月，法律规定中层政府部门和大型企业须保留 40％的女性配额。有的企业因为女性配额不够 40％，进一步招聘女性员工，也解雇一些男员工。一下子，使得女人找工作很走俏。企业这些貌似性别歧视的措施，并没有人提出异议。

（二）拼凑式家庭也幸福

冰岛人的幸福，还在于他们想得开。即使是以女人为中心的拼凑式家庭，男人也能感受到幸福。

在家庭中，冰岛女人具有很高的地位。几乎所有的男人都从内心认可女人的社会地位。这和冰岛的历史传统有关系，因为古代冰岛男人大多为海盗，家里大大小小的事务都需要女人来料理。女人不但要扮演女性生儿育女的传统角色，还要代替男人做男人们做的重活。因为女人们贡献巨大，男人对女人非常尊重。

冰岛的男人还普遍有些“惧内”。尽管外面可能是个男权社会，但是在家里绝大多数是女权社会。他们可能在外面会有一些体现男性主义的言论，但是在家里绝对是闭口不提，以免引起妻子们的不悦。法特说："男人们在外面已经呼风唤雨了，在家里还不能照顾一下女人渴望权力的感觉吗？我在家里从来不跟妻子争吵，她说什么就是什么。因为我有信心，可以让她一下。"话说到此，他突然警觉起来，说："这话可不能让我妻子听到了，要不，她一定会对我河东狮吼的。"

冰岛女人的家庭地位高，男人们也乐于给予女人们这些"特权"。冰岛的女人因此非常自信。在冰岛，社会福利好，生老病死，政府全包，完全没有生活的压力。女人们对婚姻质量的要求比较高，如果两人合不来，不会勉强接受。因此，冰岛有很高的离婚率。斯特的丈夫刚刚向她提出离婚，她没有一哭二闹三上吊，而是很理性地接受了离婚。现在她带着一个两岁的孩子，她说："新的生活又要开始了。"

德尼刚刚办完离婚手续，一点看不出离婚对她有什么冲击，也听不到她话语中的爱恨交加。她笑着说："这是我的一个珍贵的经历，我在这个婚姻中学到了很多，我很感谢我的前夫，他让我从一个女孩成长为一个女人。"当问及以后是否还会再婚的时候，她说："可能吧，如果遇到了心仪的人，会再结婚。但是有一点可以确定，我想在两年内拥有一个孩子。我今年已经25岁，我得早点生下孩子。"在冰岛人看来，好像25岁就已经成了高龄产妇。再不生孩子，她们得担心坏了，觉得自己已经完蛋了。冰岛很多人19岁就怀孕生小孩了。通常这个年龄生孩子的女人还没有结婚。未婚生子并不是一件多新鲜的事情。社会也不会用异样的眼光来看她们，冰岛的第一位女总统维格迪斯·芬博阿多蒂尔也是个单身母亲，这并不阻碍她成为冰岛历史上第一位民选女总统。

这些低龄妈妈大多处于大学教育阶段，还没有毕业。如果你走在大学的校园、图书馆，也经常可见一些妈妈，泰然自若地抱着小孩去书店、餐厅，把别人当成透明人。在尽快完成大学学业还是选择做妈妈的优先权面前，她们一定会选择先做妈妈。一个未婚妈妈说：大学迟一两年毕业会有什么问题呢？做妈妈才是最重要的。她们的父母也绝对不会干涉。如果在中国，还不知道一石激起多少千层浪呢？

冰岛人离婚率高，未婚生子率也挺高，那会不会带来很多的社会家庭问题呢？奇怪的是，他们相对还是比较和谐的。他们的家庭的拼凑率也很高。例如，几个孩子有着相同的妈妈，不同的爸爸，或者爸爸妈妈都不同，或者家里的爸爸妈妈并不是亲生父母。然而，在这样所谓复杂的家庭中，他们并没有多大的不适。冰岛人普遍接纳这种拼凑式的家庭。即使是拼凑的家庭，他们也感到幸福。这和他们的历史传统有很大关系。古代的冰岛男人大多是海盗，杀人放火掠夺不在话下。他们自己这样，对女人们也比较宽容，不会有双重标准。因为海盗丈夫常年不归，妻子们很可能就已经和别人生下了孩子。丈夫归来，看到多一个孩子，也很宽容地本着"多多益善"的态度接纳这个新成员。

冰岛女人们即使离婚了，也会尽量不让自己陷入到爱恨交加的困扰之中。她们如果有孩子的话，会认为孩子父亲是个很重要的角色，不会让大人的关系影响父子或父女关系，会经常鼓励孩子与亲生父亲来往，因为这有利于孩子的成长。即使她们再婚了，她们的丈夫也会跟她们一样鼓励孩子加强与亲生父亲的联系。这样做，冰岛就比较少为了争抢孩子上法庭。反正大家可以和平共处，而且还互相视为一家人。奥妮的前夫经常来看望女儿，还经常住在她和现任丈夫的家中，理由是大家都是一家人。他们可以相安无事，和平共处。

四、结语：幸福来自做自己和国家的主人

冰岛虽然人口稀少，但拥有非常完善的福利制度，也拥有无可比拟的丰富干净的自然资源。他们在和大自然斗争的过程中，练就了强壮的体魄，也孕育了乐观、豁达、顽强的精神。他们善于从生活中发现快乐、体会快乐，享受“冰与火”的激情，被认为是世界上最快乐的居民。

冰岛人是个自我控制能力很强的群体。他们会追逐激情，但是又可以很好地控制自我。无疑，一个可以自我控制的民族才能成为真正快乐的民族。冰岛人的幸福很大程度上来自他们可以超越外在因素，控制自己的心灵。因为福利令他们不再匮乏，他们可以不为外界物质所诱惑，保持自我。2005 年，联合国全球反腐败组织“透明国际”发布全球腐败指数，冰岛在全球最廉政的国家中居第一位。

冰岛人不但是自己的主人，还是国家的真正主人。他们为国家而感到自豪，虽然国家很小，但他们备受尊重，受国家的呵护，因此，每个人都对国家有深深的责任感。他们也很看重每次政治投票，认为这是非常神圣的。难怪，冰岛人总喜欢“叶落归根”，冰岛是他们永恒眷恋的乐土。这似乎和中国人“落叶归根”的精神相似。据说 1973 年 1 月 23 日，在冰岛西南部的西人岛，有位居民看到浓烟与火光，以为是谁家着火便报了火警，消防队员迅速奔向火光，临近才发现是火山爆发了！于是，5300 多居民有组织地迅速撤离了这个岛。火山爆发持续了半年，火山岩浆和火山灰吞噬了许多人

的家园。令人不可思议的是，面对灼热岩浆的肆虐，当地居民通过用海水降温的方式愣是将一个港口给保住了。在火山平息半年之后，大多数居民又搬回了西人岛居住。如果你想问冰岛人这些问题：长期生活在火山旁边地震带上，会不会感到很恐惧？冬天漫长要冒着严寒，你们有没有抱怨过这里恶劣的天气？有没有想过要到别的地方生活？你一定会得到否定的回答。对于他们而言，没有什么地方比冰岛更加吸引他们，更能成为他们生活的净土和乐土。

第七章

福祸相倚的北欧福利密码

就在北欧国家一路高歌，肩并肩建设他们的幸福之路的时候，20世纪70年代一场石油危机像从天而降的一块大石头阻断了他们前进的道路。难道经济危机的威力真有如此之大吗？北欧幸福路上有没有其他的隐患？北欧人的福利制度经过哪些洗礼和考验？他们又是如何应对的呢？

一、经济衰退——巧妇难为无米之炊

北欧福利国家模式源于20世纪30年代社会民主党应对经济危机、战时经济管制和战后重建措施。战后到70年代是北欧福利国家模式迅速发展和完善时期。至20世纪70年代，北欧已形成了独具特色的“从摇篮到坟墓”的北欧福利国家模式。然而自70年代起，北欧国家却出现了长达20年的缓慢发展期。

其实，石油危机只是引发福利国家危机的一个导火索而已，北欧模式经过几十年的发展，已面临许多矛盾和问题。

北欧国家之所以能维持高福利的社会保障制度，直接来源于高税收，而高税收的背后，是高速发展的经济作后盾。战后至20世纪70年代初是世界经济空前繁荣的黄金时代，也是西方福利国家发展的高峰时期。60年代末以来，西方国家持续高速发展的经济开始减缓，70年代中期以后石油危机的爆发使得西方发达国家出现前所未有的滞涨型经济危机，本来经济发展速度已减缓，有效需求不足，失业率增高，同时又发生严重的通货膨胀。北欧经济停滞不前，导致维持社会保障体系运转的经济收入紧缩，而另一方面，失业率大幅度上升，福利制度的刚性迫使社会福利只能增加，不能减少，北欧各国不得不继续提高福利水平。日益庞大的社会保障支出使政府赤字剧增，社会福利支出与经济增长之间出现严重的失衡，造成了沉重的财政负担和通货膨胀。社会保障的资金以国家财政收入为基础，其来源通常有三个渠道：税收、收费和捐赠。税收是其主要的支撑，经济滞涨必然使税收减少，政府的财政收入也必然缩减，所谓“巧妇难为无米之炊”，庞大的福利支出没有雄厚的经济收入做保障，无疑会难以为继，北欧国家慷慨的社会保障在遭遇经济危机时，显然力不从心了。

除了经济上的因素外，导致北欧不得不改革的政治方面的因素是，70 年代后，北欧各国政治一致性发生了动摇。北欧福利国家的危机导致各政党矛盾激化，反对党将福利危机归究于社民党长期以来对经济的过分干预，尤其从 70 年代中后期开始，右翼政党上台执政，左、右翼政党都把改革作为吸引选民的重要手段。

二、披荆斩棘之路

老 Jack 是一个 70 岁的丹麦退休工程师，他的第三任太太只有 40 岁，而且他们还有一个 10 岁的小女儿。他本来生活相当好，但因投资生意失败，宣告破产。于是，他便和太太离了婚，自己进入养老院。不是他们感情破裂，而是这样他的太太便可以拿到单身母亲的补贴和其他福利。实际上，老 Jack 和他的太太还保持着夫妻关系，并且常到她那去住。

Jack 是老 Jack 与他第一任妻子的儿子，35 岁，他是多间著名连锁面包店的老板，多年来赚了不少黑钱。黑钱见不得光，不能公开地用来买车、买房等，Jack 便在家里积存了一大批名画和珍贵古董，用于黑市投资。后来他跟邻居关系搞得不好，邻居跑到税局告他逃税，结果查出了他家私藏的黑市珍品。税局不但要Jack补缴多年逃的税，还罚了他一笔巨额罚款。现在Jack破产了，然而他一点也不在乎，他也不发愁找不到工作，而是在申请失业金补助。他说，过叔叔那样的生活也不赖，原来他有个60多岁的叔叔Mike，他人聪明、身体好、喜欢享受人生，但就是不愿意早出晚归做事情，从30岁起便拿补助金为生，后来觉得钱不够用，便找到一位医生愿意签字说他背部有问题不能工作。这样，他便有资格改拿残废退休金，每月能得更多的钱。Jack感叹道：“我那么努力地工作，到头来却一场空。而且现在生意还那么不好做，还不如让国家养着呢。”

就在他去申请失业救济金时，却被告知《社会救助法案》新规定，没有工作就无权接受公共津贴，而只能接受地方政府的安排。他蒙了，早就听说政府要有所行动了，怎么还当真啦？他莫名其妙地到了当地镇政府，看到长长的队伍在等待着失业津贴，后来Jack才了解到，领取津贴的失业者还必须接受政府安排的劳动培训，并证明自己正在积极寻找工作。Jack心想，他美好的失业梦破灭了。可是政府救济部门每个礼拜都会给Jack提供就业资讯，最后他实在忍受不住政府的“岁岁念”，便只好应聘去当地一个志愿组织中做面包师，提供面包给养老院中的老年人以及社区的妇女等。不过，令他惊喜的是，他竟然有钱赚，志愿组织名义上是志愿的，实则是有偿劳动，而且当地政府还会提供补偿。之前这样的岗位通常是政府垄断的，养老院、疗养院等公共机构的一切运营都是由国家来安排的，现在好像被当地镇政府接管了。

自从老Jack住进养老院后，他和Jack好久没联络了，没想到前几天老Jack竟然打电话抱怨道："补贴金一下子减少了好多，而且还得纳税。听说以后还要看收入条件，有区别地提供老年福利。现在物价上涨得这么厉害，怎么福利不增反减呢？我们这些老头子要怎么活啊？"

老Jack的电话，倒启发了有商业头脑的Jack，他决定抓住机会，利用政府对私人企业的扶助政策，创办一个老人护理院，并承诺提供更好的医疗保健服务。虽然在私营的护理院，老年人需要交纳一定的护理费用，但因国家养老院补贴金额的缩减、服务水平的持续走低，越来越多的人也乐意去服务质量更好的私营护理院。半年后，Jack已成为当地知名的私营企业家之一了。

Jack由赚黑钱大发，到破产，再到重新成功创业的过程，正值北欧福利国家大力改革的时期，他的亲身经历也是北欧福利制度改革的一个缩影。

北欧各国的福利制度改革是循序渐进的，自20世纪80年代起，北欧各国政府便尝试对社会福利政策进行改革，但改革力度甚微。自90年代以来，改革步伐逐步加大。北欧国家转变思路，由政府一肩挑的单向福利结构转变为个人、家庭、社区和其他非正式机构良性互动的多向结构，并力求处理好福利、效率、负担三者的关系。北欧国家采取了削减公共福利开支，发挥市场机制的作用，权力下放到地方，积极的福利政策等措施。

（一）增收节支

"问渠哪得清如许？为有源头活水来。"高福利制度难以为继最根本的原因在于经济衰退，国家财政入不敷出。所以，改革的重要措施即从源头上着手，增加社会福利的财政收入，削减和控制社会福利开支。

虽然税收是国家财政的重要支柱，但北欧“福利病”的重要原因即税收太高，影响了人们的生产积极性，因此在企业和个人的所得税方面，国家采取了减税措施。如瑞典政府在1989～1990年中，将所得税的最高税率从1989年的72%降低到68%，公司所得税也从50%降低到30%。此外，芬兰、挪威和瑞典还引进了双重所得税系统（DIT），其主要指导原则在于将对劳动收入的累进税率与对公司和资本收入的不变税率相结合，从而形成了广阔的税基和相对低的税率。当然，政府为了满足财政需求，不得不在其他税项上增加收入，如征收社会保障所得税，对疾病保险金、退休金、残疾补贴、失业救济金都收取一定的税。

开源上十分有限，那么北欧各国政府只能在节流上多做文章了。北欧各国削减了各种社会福利项目的现金补贴，引进市场化取向的改革措施。同时，修订了社会保障金的调整办法，将社会福利待遇标准随着物价、工资或生活指数的变化自动进行调整，改为限制保障金的增长，从而减少社会保障金的支出；提高退休年龄，如瑞典将原退休年龄60～65岁延长到65～67岁等。

（二）“推卸责任”——私人化、市场化、地方化

20世纪90年代以前，北欧国家基础领域和公用事业领域处于高度垄断状态，公共服务项目绝大多数是由国有机构经营，这不仅导致效率低下，也造成政府沉重的负担。为了减少政府在社会福利制度中的压力，各国都在努力让政府的社会福利责任逐渐向非政府组织、私营部门等转移，希望通过社区和地方志愿团体的努力来满足人们的福利需求。即福

利项目的私人化和市场化，前者指政府尽量缩小干预社会福利的范围和项目，让政府的社会福利责任逐渐向私营部门转移，把这些项目交由非政府志愿机关、工人合作社和其他社会团体承担；后者主要指通过出售社会福利的相关资产给私人加以运作，社会福利机制中引入竞争元素。

社会福利私人化、市场化的手段主要包括：把国家与社会福利有关的一部分资产，如住房、医院、学校等出售给私人；将某些社会福利计划的出资和管理的任务交给私人组织；在国家继续负担费用的同时，将一些社会服务的生产和供应交给某些盈利的私人组织负责；削减国家提供的福利，使居民不断转向私人福利；取消对社会福利的规章管制，减少国家的垄断，促进私人福利组织与国家福利组织之间的竞争等。

在这一理念的引导下，北欧国家自 20 世纪 80 年代后期以来加大了对各种协会、自助性组织及志愿性团体的财政支持力度，从而使非政府组织的数量明显增加。政府还积极鼓励私营企业经营公共服务领域，鼓励有能力提供公共产品和服务的私营企业参与进来，一来是为了提高服务质量、丰富服务内容，二来可以在政府的宏观指导下进行资源整合，提高各种福利设施的利用率。例如在医疗服务方面，北欧国家一方面实行对医院的预算拨款与医院的实际医疗效果相挂钩的政策；另一方面引进私人投资，像瑞典的“医生之家”、“城市医疗保健服务有限公司”等，就是典型的私人医疗服务中心，同时由于规定个人可自由选择就医，从而促进了医院间的竞争，改善了医疗服务水平，也降低了政府的医疗投入成本。芬兰驻华大使郭安琪说：“在很多情况下，从私人服务提供商那里购买如医疗服务这样的公共服务以及如照顾老人这样的社会保障服务，价格会比较低。”

除了私人化和市场化，北欧国家也注重调整中央与地方的关系，实行权力下放，使地方政府在提供社会福利和公共服务方面有较大的自主权力。

然而，北欧社会福利的私人化和市场化改革，并不意味着国家将社会福利完全交给私人，让市场机制自动调节，而是将部分社会福利项目转交给私人或社会团体主办，或者由私人机构承担大多数社会福利费用，是在国家集中管理前提之下的局部私人化和市场化。不管福利制度如何改革，向全体社会成员提供各种福利性服务始终是北欧国家政府工作的一项基本原则，北欧民众始终是政府的服务对象。

高度的制度化与法制化也是北欧社会福利与社会保障体系的有效保证。政府对社会福利与社会保障收支和政策的制定，主要通过法制和行政方式管理。无论是儿童福利、老年人福利，还是残疾人福利，丹麦都将其纳入社会立法，实现其制度的合法性。行政管理以法律为依据，依法行政贯穿社会福利与社会保障计划、执行和解决纠纷问题的全过程。福利事业从中央到地方形成了完整的运作体制，从组织管理到具体福利服务的提供，都拥有制度化的全方位保障。

经过改革，尽管北欧政府仍是福利保障制度的第一负责人，但其所承担的责任正在逐步转移，私人雇主、社会及个人分担的责任在不断加大，这在一定程度上减轻了政府的福利保障压力。

（三）授之以渔

北欧国家母亲般的全方位的高福利制度，反而把北欧人给养懒了，真有点“慈母多败儿”的意味。现在，不堪重负的“慈母”要开始让她的子女学会自立自强了。

与高福利所保证的工作权利相对应，20 世纪 90 年代以来，北欧各国开始强调“工作义务”，即强调个人在享受福利的同时所应尽的责任和义务。1995 年挪威政府在《福利白皮书》中明确宣布将“收入扶持”政策中“消极的扶持”改为“积极的联系”，鼓励津贴领取者“自立”，强调权利与义务之间的联系，强调每个公民既享有给付的权利，又要有工作的义务。改革后的失业保险政策也要求失业津贴的领取者接受政府安排的劳动培训，并证明自己正在积极寻找工作。瑞典也推行了积极的劳动力市场政策，强调国家运用政策手段去影响劳动力市场供给的数量和质量。例如，地方政府以组织、培训劳动者的方式来提高劳动力的素质，提高他们的就业竞争力。

在养老保险制度方面，也改变养老金收益与个人无关、风险完全由正在工作的劳动力承担的状况，要求使个人所享受的服务与个人所缴纳的税收挂钩，如建立个人养老金账户制等。1994 年瑞典议会通过了新的退休制度，一是改变了所有人退休后都拿工资的 60%的做法，规定“养老金额要按照个人年龄、国家经济情况计算，因人而异”；二是实行“退休越晚，养老金越高”的办法等，增强个人的社会责任感，减少国家财政日益沉重的养老保险负担。

三、结语：世界没有绝对的幸福

北欧福利国家制度改革，实质是调整国家的干预力度，加强社会的自我调节。它并不是对福利国家制度的全面否定，而只是对其消极层面所做的修正。福利制度改革的目标是要减轻政府的负担，激发企业的活力，增强个人的社会责任感，以建立一个国家、企业、个人彼此良性互动，充满创新和活力的福利国家。

从改革的效果来看，北欧各国福利制度的改革取得了一定的成绩。北欧各国的通货膨胀得到了有效控制，财政赤字有所减少，经济获得了一定程度的增长。但北欧福利国家模式并没有发生质的变化，福利国家已形成的社会、政治结构等也不允许福利制度改革走得太远，其隐忧仍然存在。然而，有关民意调查显示，在北欧国家对福利国家的支持率自20世纪90年代早期的大幅下降后，近年来已有逐渐回升的势头。

正如世界上没有一个事物是完美的，北欧国家福利制度也有它的缺陷。然而北欧人仍很自豪地说他们很幸福，或许真正让北欧人幸福的不是独具特色的福利制度，而是北欧人渗入骨子里的那种幸福的心态吧。你听，北欧人在歌唱——别翱翔高空，要傍着地面飞，中庸之道是金色的。或许中国人要学习的，正如林语堂先生所言——人生目的即在纯洁而健全地享受人生。

第八章

北欧式幸福的治理密码

个人是享受幸福的主体，而个人生活在社会中，还充当着国家公民的角色。因此，个人幸福的获得离不开良好的社会外部环境以及健全的政府管理体制。

虽然说幸福是一种主观感受，但有一定的制度保障，就会让人感到个人幸福更具有稳定性和可预期性，这无疑会增加人们的幸福感。

北欧人之所以幸福，在很大程度上归功于他们一系列保障幸福的体制安排，例如北欧的福利制度和廉洁政府，就是实现和维系北欧人幸福的重要制度保障。

一、权力下放让人民更幸福

北欧国家虽然小，但是在行政区划上，五个国家一般都采用中央、省和社区的三级管理模式，其中社区占据重要地位。这种三级管理模式最大的特点是权力向地方倾斜。

（一）有问题找社区，不会山高皇帝远

北欧国家在行政规划上费尽了心思，为民众营造了宜居的环境。为了更好地服务于民众，北欧国家在处理中央与地方关系上也探索出了一套行之有效的处理方式，明确划分各级政府公共服务的职责，以充分发挥各级政府提供公共服务的功能。以挪威、瑞典和丹麦为例：

为了明确界定各级政府的责任，挪威制定了一系列标准。2005 年 12 月，中国（海南）改革发展研究院、挪威城市与区域发展研究所、斯德哥尔摩转轨经济研究所与德国技术合作公司在海口联合召开“政府转型与社会再分配”国际论坛。在论坛上，挪威城市与区域发展研究所研究员特利纳

对挪威中央与地方的关系概括如下：第一，福利措施应该由最高效的管理层来实施；第二，福利措施需要的政策支持要由各地选举出来的代表来决定；第三，福利措施所需要的标准、规则和控制由联邦政府来实施；第四，联邦政府要从全局考虑福利措施。

这四点实际上从宏观层面界定了各级政府在公共服务方面的责任。而从微观视角来说，挪威的市级政府主要负责劳动力密集型服务，中央政府主要负责收入再分配和其他集体性服务。这就十分明确地划分了中央和地方在服务体制内的工作。

在财政支出上，一般情况下，大约70%的劳动者福利以及75%的公共部门雇员工资由地方政府支出；而行政管理、国防、养老金等以中央政府支出为主。因此，福利政策的实施者主要还是地方政府，这更能了解和满足民众的需求。

瑞典的地方政府包括县和市两个层级，这两级政府同在中央政府之下，不是上下级关系，而是平等关系。一般说来，地方政府在社会福利和公共服务方面具有很大的自主权，中央政府会提供专项拨款或津贴作为社会福利资金。并且中央政府负责保险与转移支付，失业、疾病保险与养老金等制度由中央政府决定。地方政府拥有高度自治权，其主要任务是尽可能平等地给市民提供低价和便捷公共服务，例如医疗保健、老人服务、残疾人和儿童服务等。其中，县级政府主要负责医疗保健服务；市级政府主要负责18岁以下青少年的教育、儿童和老人服务，还有社会福利、残疾人关怀、地方建设和规划、水资源利用及排灌、街道清洁、废物处理及援救服务等。交通服务由县、市分担。由于地方政府负责的事务较多，瑞典公共支出的大部分都在地方政府。目前，县、市政府的支出约占政府支出的2/3。由于承担了大部分的公共服务职能，地方政府就拥有一定的财权，可以确定自己的税收标准和预算。而中央政府不会干预地方政府的预算，只要求预算均衡分配。

丹麦的情况与瑞典相似，中央和地方的分工在社会福利与社会保障管理体制中也是十分明确的。中央政府只负责制定政策、标准、计划和实施转移支付等宏观调控方面的任务，而将大多数职责都下放给地方政府承担，包括老年人的照顾和服务、婴儿家庭补贴、残疾人康复和照料、失业救济（没有交纳社保费的失业人员）、生病津贴以及社会养老金分配等。由于服务范围之广，地方政府被称为“全能政府”，它有充分的权力进行具体的福利立法，担负着完成社会政策的任务。在丹麦有14个行政县和275个市，县级政府负责地方政府不承担的一些特殊社保职责，包括对部分或全部丧失劳动力家庭的救助、拥有多子女家庭的补助等。针对经济发展水平不一而出现有些地方政府的收入不能弥补支出的问题，丹麦政府的解决办法是中央和上级政府要补助社会福利和社会保障收入的1/3左右。丹麦中央政府承担的是在全国范围内调节社会保障资金的责任，社会福利事业的管理依靠的不是行政手段，而主要是通过统一的法律和中央财政转移支付制度来实施。全国GDP的20%被用于转移支付，中央政府通过这种制度来对地区间财力进行调节，以达到社会福利均等化的目的。

从挪威、瑞典和丹麦的央地关系来看，明确的责权分工和有效的转移支付是最大的亮点。中央政府会对地方政府的公共服务提供相应的支持与监管。挪威城市与区域发展研究所研究员奥德鲁指出，中央政府把某些公共服务职能交给地方政府，给地方政府很大的权力，并用有效的控制工具，来支持与监督地方政府有效提供公共服务。然后再通过转移支付改变各县、市的收入结构、水平和收入分配状况，这样可以帮助地方政府减轻财政支出压力，同时能够保证社会保障资金的正常流转，从而确保社会福利服务不会中断或脱节。

北欧人幸福的其中一个重要的制度保障是他们关于社区的安排。这样，一旦出现问题，人们就可以找社区，不存在山高皇帝远的问题。

例如，瑞典王国，虽然面积仅相当于黑龙江省，但它也采用了中央、省和社区三级管理，设有 17 个省（专区市），290 个社区。省和社区不是严格的上下级关系，而是分工协作的关系。按照谁最贴近居民生活、最能了解居民需要，谁负责提供服务的原则来划分权责：社区政府主要负责当地的医疗保险、社会服务、街道管理、社区文化等更贴近于居民的日常生活领域；省政府则主要负责市政建设、保险分配等宏观层次的社会发展与建设领域。从长远来看，社区服务的普及促进了“高税收、高福利”政策的落实，民众在社区家门口就能获得及时的服务，极大方便了人们的日常生活。

既然社区的作用非同一般，瑞典政府便给予社区管理以高度自治权，从社区服务、社区保障、社区治安、社区教育到社区环境，这些与社区居民的生活息息相关的基本任务都由社区负责完成。难怪在瑞典生活的居民都如此依赖社区，一方面是因为社区就在自己身边，另一方面也是因为社区真正能为居民的日常生活带来很多方便，社区提供的服务是无处不在的，不会让人们感觉到生活的不便。

（二）规划与布局体现对个人的尊重

北欧国家的城镇规划以尊重民意为原则，在制定规划方案时广泛征集民众的意见，以最大限度地达到民众的期望。这种城镇规划模式体现了全民参与的特点，建立在民众期望基础上的城镇规划创造了更加宜居的条件，为民众的幸福生活搭建了平台。

在北欧，行政区划基础上的城镇规划很有自己的特点。首先体现在规划的法制化上。芬兰首都赫尔辛基市专门为其城镇的规划出台了《城市规划技术规范》、《土地使用规定》等法律政策，规定了1400个技术细节，而且所有规划的设计方案必须经过专家们的反复论证，然后再通过网站、报纸等形式展示给民众，征求民众的意见，居民甚至可在网上调整规划设计。确定最终的规划方案，则需要连同市民参与的意见处理书一起报市议会审批；如果规划面积超过了600平方米，这些项目还要报国家政府机构审批。有这么严格的审批过程，北欧各国在城镇规划上就一点不能马虎，只要所有规划一经批准，就严格按照规划要求去设计。

另外，北欧在城镇规划上也充分考虑了城市和周围城镇的功能定位、布局，在基础设施配套上各有侧重，这样可以形成联网，从而实现资源共享。比如，斯德哥尔摩市现已建设了6处卫星城，每1万人的小区内都有医院、图书馆、康乐中心等公共服务设施。奥斯陆佛拉姆、雷克雅未克温泉等镇的学校、医院、道路、供气等基础设施、公共服务设施都很到位，与城市没有太大差别。

在这个过程中，我们很明显地体会到北欧国家在城镇规划上对于民众意见的尊重，将广大民众的智慧应用到他们日日夜夜生活的地方，这体现出一种上对下的人本关怀，最终目的是使民众生活在舒适的社会环境中，享受生活带来的乐趣。

居住环境的好坏是影响人幸福程度的一个重要因素，城市布局合理与否直接关系到民众生活是否舒适。北欧国家特别明白这一点，在城市布局上注重天人合一，强调人文建筑的“天然去雕饰”，展现出生存环境的自然之美，给人一种美的享受，在这里人们活得更加惬意。

观察北欧的城市布局，无论是设计风格还是色彩，建筑物与建筑物之间都十分协调。2009 年 9 月 12 日至 23 日，山东省威海城市建设学习考察组赴瑞典斯德哥尔摩等 7 个城市进行了学习考察，他们这样描绘瑞典的城市布局：建筑群周边的绿地、广场、水面交相辉映、自然和谐。在瑞典，首都斯德哥尔摩市区分布在 14 座岛屿和一个半岛上，对建筑设计提出了高要求。为了尽显自然之美，斯德哥尔摩市依山就势、体量合理、不遮山不挡水，充分将山、水、岛、桥、林与建筑物巧妙地结合起来。一来展现了自然地理与人文环境的协调一致与较强的层次感，二来使整座城市充满着现代气息、洋溢着古老风范。芬兰的城市布局也秉承同样的理念，赫尔辛基市中心拥有淡黄色新古典主义风格的建筑，全部是用花岗岩建成的，结构精美、气宇非凡。冰岛首都雷克雅未克的议会大厦、市政厅、国宾馆等主要建筑均沿市中心的提尔宁湖而建，且多涂成红红绿绿的颜色，布局匀称、小巧玲珑、风格统一、古朴协调。总之，无论你漫步在北欧国家哪条街道上，映入眼帘的总是美轮美奂的建筑物和安静恬适的自然风景。

二、公共服务建设让生活更潇洒

谈及北欧民众的幸福最直接的外部来源，可以说归功于北欧国家的一套比较完备的公共服务体系，它几乎覆盖了北欧民众生活的方方面面，满足了民众基本生存需求以及更高层次的需求。无论在物质生活方面还是精神生活方面，完善的公共服务为民众带来了幸福感。具体的公共服务内容可以归结为四大方面：

（一）民生性服务让就业有保障

一般来说，幸福的滋味往往是体现在生活的细节当中，不仅要求物质充裕，还对社会公平正义有较高的要求。与民众生活紧密相关的诸多问题都可以归结为“民生问题”，民众生活的幸福离不开完善的民生性服务。其中，促进就业、增加居民收入和缩小收入差距是民生性服务的重中之重，也是关乎民众生活幸福的关键问题。因此，解决民生问题成为北欧政府的头等大事。

在北欧国家的公共服务体系中，促进就业得到了高度重视，被置于政府职能的首位，并且促进就业的措施和政策呈现出多样化。《北欧国家社会保障制度及对我国的启示》一文对瑞典的公共服务内容做了比较全面的介绍。一是提供财政的大力支持。以瑞典为例，每年用于就业服务的资金量约占全国 GDP 总量的 2.7%，其中用于解决失业问题的就占了 84%。这些资金主要来源于政府财政，这就保障了促进就业所需的资金。二是设立多层次的服务机构。瑞典的中央层和地方层都设有专门的劳动力市场管理委员会，基层还设有就业办公室，它负责全国95%的就业服务。如此一来，就业服务可以深入到社会的各个角落了。三是制定优惠的扶持政策。例如，芬兰为了鼓励国内的中小企业多吸纳失业人员，政府对其实行减税4%的优惠政策，并且对失业人员自己创办的“微型企业”给予减税或补贴。从长远来看，通过减税或补贴政策，不仅提高了失业人员的就业率而且增强了创业的积极性，从根本上解决了失业问题。四是提供全方位的就业培训。在北欧，政府、工会和雇主三位一体的培训体制非常流行，并且政府设立了“购买培训成果”的机制。也就是说，在北欧国家，普通民众的就业培训因为有了政府的保障而减轻了从业者的就业负担。

与此同时，北欧国家强调一方面要提高居民的收入水平，另一方面也要缩小收入差距。北欧五个国家的经济发展水平都较高，人均收入随着经济的不断攀升也明显提高。在收入增长的基础上，北欧国家通过税收调节、财政转移支付等诸种强有力的再分配机制，初步形成了“两头小、中间大”的橄榄形社会结构。在这些国度里没有金玉满堂的富豪，也没有食不充饥、衣不蔽体的贫民，中产阶层占据多数。以瑞典为例，贫困人口仅占3.15%，其中30%是失业者，20%是正在就学的学生，10%是领取养老金的人。据了解，芬兰、瑞典和丹麦三个国家的基尼系数约在0.25～0.3之间，属于世界上收入差距最小的国家。

由此我们可以看出，民生性服务为北欧民众提供了就业保障，减少了因失业问题可能带来的社会不稳定因素。另外，收入差距的缩小、基尼系数的偏低增强了社会的公平和正义，全面顾及到了每一个社会成员的物质生活。

（二）公益性服务让人民生活无忧

真正的幸福来自生活的无忧无虑，北欧国家为民众的生命健康到文化教育提供了全面优质的服务，即包括医疗卫生事业和教育事业在内的公益性服务。对北欧国家来说，公益性服务是公共服务型政府工作的着力点。

首先，注重发展医疗卫生事业。北欧国家都十分重视人的生命和健康，甚至将其上升为“保护人权”。因此，医疗卫生事业成为公共服务体系的重要内容之一。北欧国家普遍实行的是全民保健制度，也就是说，无论城市乡村，不分国企私企，也不分种族和宗教，实行公费医疗或基本免费医疗。在公费医疗制度的保障下，北欧的民众不会因为“看病贵、看病难”而出现忧虑，使个人的生命和健康有了长久的医疗保障。此外，北欧国家还特别注重社会公共卫生体系，包括农村公共卫生体系的建设，这对防止并应对卫生领域的突发事件发挥了保障作用。

其次，大力发展国民教育事业。一直以来，北欧国家都很重视本国的国民教育，瑞典、芬兰、丹麦三国采取了举国教育体制，即从小学到中学再到大学，全部实行免费教育。不仅如此，国家还会给予在校大学生一定的生活津贴，以减轻学生的生活压力。同时，为了确保教育事业的顺利发展，从中央财政到地方财政，对教育的扶持力度不断加强，社会的其他力量也会力所能及地投身到捐助教育的队伍中。在芬兰，有一个有趣的现象：由政府依法举办的赌场卡西诺和其他博彩业单位都归由国家教育部管辖，博彩业的营业收入由教育部支配，作为发展教育事业的资金。据了解，芬兰接受高等教育的公民已占到适龄人口的50%以上。

再次，建立全方位的社会保障体系。北欧国家被冠以

“福利国家”之称，其社会保障体系覆盖范围相当广泛，为居民提供了“从摇篮到坟墓”的社会保障，包括生育保险、医疗保险、失业保险、退休保险、残疾人保险以及社会福利津贴等，而且每一项又包含更具体更详细的内容，比如社会福利包括了老人福利、儿童福利、残疾人福利和教育福利等。据介绍，在社会保障体系最完备的瑞典，其福利项目可谓五花八门，有病人津贴、估恃津贴、孀妇抚恤金、老婆糊口津贴、医疗津贴、住房津贴、未成年人津贴等，社会保障费用在全国财政支出总额中的比重达 1/3 左右。北欧的社会保障体系已经成为北欧国家的标签，开创了一种福利国家模式，为全体社会成员的生存和发展编织了最基本和最可靠的安全网，确保了北欧国家社会的和谐稳定和民众的安居乐业。

从民生性服务到公益性服务，北欧国家政府在公共服务建设中扮演着服务主体的角色，以“所有公民平等享受公共服务”为理念，不仅营造了良好的社会公共环境，而且为全体社会成员的物质和精神生活提供了细致周到的服务。北欧的高福利政策令这些国家的公民生活有较充分的保障，幼有所托、学有所教、老有所养，病有所医，国人安居乐业，营造了安定、祥和的社会氛围，贫富悬殊相对较小，群体之间利害冲突较少，社会治安也相对好些，人们健康水平较高，寿命得以延长。据统计，芬兰男性平均寿命达到 73 岁，而女性的平均寿命更高达 81 岁。这种“高税收、高福利”政策打造了“从摇篮到坟墓”的社会福利保障网，在高度发达的经济和充分竞争的市场机制下，人们生活得更加自由和踏实。

三、廉洁政府为清廉文化添砖加瓦

从1995年开始，国际透明组织每年都会发布世界各国腐败状况排名，而北欧国家一直处于“最清廉的国家”的行列。北欧国家之所以取得世界公认的廉政成就，公开透明的行政制度发挥了不可或缺的作用。也正是因为行政公开，北欧民众随时可以获得政府事务的相关信息，也为本国的清廉风气感到自豪。

这些国家行政透明和公开，舆论监督到位，所以权力得到了有效的制约，极少出现公务员滥用职权、以权谋私现象。芬兰、瑞典、丹麦、挪威等国的腐败案件每年仅有几十件。2006年，时任芬兰中央银行行长引咎辞职，原因是他在某次公务接待中吃了一道肥鹅肝，被媒体上网查询菜单后曝光，说其“贪腐”。

他们普遍奉行责任透明、开放的政府治理原则，公共部门的一切开支和每个人的收入都是公开的，所有档案都对公众开放，接受市民和媒体监督。如果你有兴趣，可以在有关网站上找到官员们公务宴请的费用和出差的报销清单。因此，在北欧生活的民众都可以平等地参与到政府的行政事务中，行使“参政议政”、“舆论监督”的权利，获取自己需要的政务信息，丰富和优化了民众的生活。

北欧国家的廉政建设取得了较好成绩，这既离不开一套以综合治理、预防教育为特征的制度和法律体系，也依赖于一种讲究公平的社会价值理念和以贪为耻的公民自觉。从严格的制度到自觉的公民意识，北欧国家形成了自上而下与自下而上结合、全体公民参与、他律与自律结合的廉政体系，有效地保证和促进了北欧国家政府的诚实、守信、廉洁和效率。具体表现如下：

（一）法律为国民幸福保驾护航

行政公开制度在北欧有着悠久的历史，早在1776年，瑞典议会就确立了政务公开原则，这使它成为世界上第一个执行政务公开的国家。为了充分保证政务公开和信息自由，瑞典制定了一套比较完整的法律制度框架。其中，《政府宪章》主要规定了出版自由、表达自由与信息公开制度，《出版自由法》、《表达自由法》以及《保密法》予以确立。这四部法律文件共同构成了瑞典三位一体政务公开的法律构架，为民众享有知情权提供了法律保障，有助于民众在政治透明之上获得公平的幸福感。

行政公开也好，信息自由也罢，在瑞典的法律中都能找到明文规定。瑞典1949年实行《出版自由法》第二章第一条规定："为了鼓励思想的自由交流和对公众的启蒙，每个国民都享有查阅官方文件的自由。"从这条规定可以看出，政府文件必须严格按照法律向社会公开，公民有权查阅政府官方文件。如果有公民申请查阅政府文件（法律明确规定的保密文件除外），政府工作人员都不得拒绝。申请人有权查阅的文件并非一定与本人有关，查阅的方式可以是阅读、收听以及其他能够了解文件内容的方式；查阅人可以复制、抄写文件或将文件的内容转换为录音形式。从这些行政公开制度的具体细则来看，瑞典政府完全尊重民众的知情权，将政务信息公开带给千家万户。

瑞典的行政公开制度因为有宪法等法律为依据，政府工作的透明化和普通民众的知情权都有了保证，从而使得瑞典政府各部门及其公职人员完全置于社会的监督之下，最大限度地杜绝了贪污受贿现象的发生。瑞典的官员也反复强调，瑞典政府的公职人员之所以很少有腐败行为，并不是因为他们的道德修养有多高尚，关键是这种公开透明的制度，不仅强化了公职人员自觉接受监督的意识，而且保证了瑞典政府各部门及其公职人员的高效廉洁。

芬兰是北欧国家中推行行政公开制度的又一典范，行政透明和公开是芬兰政府的一个主要原则。芬兰公共机构的大门不会有军警把守，而是向芬兰的公民开放。芬兰也拥有保障行政公开的法律——《公开法》，规定政府档案馆以及公共部门的所有档案不仅对专家和研究人员开放，还向新闻界和公众开放，同时还提供查询、借阅和复印等服务。在芬兰，如果有人想知晓某一位官员的收入和纳税信息，就可以到国家税务署申请查询；而如果他怀疑某一名官员有公款私用或挥霍公共资金的迹象，就可以向有关机关或媒体举报，随后就会有检察官去调查这名官员了。看来芬兰的官员们确实要严以律己，因为他们的所作所为都很难离开广大民众的视线。

（二）公务员管理严格，确保人民幸福

在北欧国家，公务员是很受欢迎的职业，其社会地位、工资水平较高，通常能过上当地中上水平的生活。公务员退休后的保障也很好，不需为日后生活操心。但是，公务员如果因腐败受贿被揭发，就会从整个工作、社会生活圈子中被剔除，代价高昂。因此公务员对自己的工作都比较珍惜，工作也很敬业。在芬兰，不仅接受金钱和实物算作受贿，就算是接受低于市场利息的低息贷款，甚至是接受不花人家一分钱的荣誉头衔，也可能被视为受贿。因此，芬兰的公务员格外小心，一旦公务员被认定腐败，不仅会被立即革职，严重的话还会入狱，私营机构不愿雇佣，也会被社会上的人看不起，更重要的是在亲朋好友、街坊邻居面前永世抬不起头。

在北欧，严格的公务员管理主要体现为公务员与行政权力相分离，从而减少了行政权力运行过程人为因素的干涉，为行政的公开透明拨开了迷雾。例如，《丹麦公务员法》规定："政党的上台下台并不影响公务员，公务员是为国家服务的，而不是为某个政党服务的。政府换届，公务员是不换届的。"从这一点来看，丹麦公务员的角色是比较明确的，即公众的服务人员，在行政权力上不能添加个人色彩，以防行政权力演变成公务员私人权力。在公务员的选拔方面，丹麦等国家同样是站在行政公开透明的立场上，实行透明的选官任官制度，这种做法较好地避免和杜绝了卖官鬻爵现象的发生。同时，《丹麦公务员法》还规定了公务员的可为与不可为。身为公务员，要以公务为本职工作，不能做其他生意，包括不能处理二手车、学校的教师不能开小礼品店、任何公务员对上级要有必要的尊重等等。

在公务员框架内，政务官与事务官是分开的，这是为了防止钱权交易。公务员对中央政府和地方政府要忠诚，当政府要公务员做不合法的事时，公务员可以起来抗拒，这是正当的。但有时也很难划清界限，尺度难以把握。丹麦的处罚条例规定，只要收了贿赂，不管是不是替他人做事，都要受到惩罚。行贿人也一样。

而且，北欧国家针对整个公务员队伍进行了系统的反腐败教育，注重培养公务员的职业道德，突出执法系统的廉洁自律教育等。为了公务员系统廉洁队伍的建设，北欧国家采取了严格的廉政考核。提高公务员选任的标准，尤其将法律知识作为重要的选任标准。其中，对重要职位进行岗位轮换，严格控制公务员的兼职行为；每年对公职人员的工作能力、个人素质、管理水平和廉政情况进行考评。

北欧国家的公车管理的透明度也是相当高的。芬兰政府机构的公车数目极少，除总统外，在政府只有总理、外交部长、内务部长和国防部长 4 人享受配备专车的待遇，而且专车只限执行公务时使用，用专车就属于额外待遇了，还要照章纳税。政府部门有义务定期向社会公众如实地公布官员使用公车的情况，媒体或公众个人也有权随时查询。假如政府官员中出现公车私用的情况，将会被举报或被媒体曝光，该官员的仕途将就此戛然而止。

有了严格的法律制度作为保障，北欧国家的政府管理就明明白白地摆在公民面前，自觉接受公民的监督。公民享有知情权，政府要做什么、怎么做、做到了什么程度、有什么问题都要公之于众，而且这种信息的公开都是主动的，不是在公民要求之后的。按照北欧国家的法律规定，“公开信息是每个公务员的责任”。以芬兰的政府管理经验为例，信息公开是展开公民与政府间对话的基础，是廉政的基石。如果公民不主动了解政府信息，就不能充分地参与管理国家事务，导致有些官员有可能进行暗箱操作、营私舞弊，公民可能就会受骗。如此严格的公务员管理制度遏制了行政权力私人化的倾向，开创了行政公开透明的最佳环境。

由此观之，行政公开制度有利于提高北欧国家的政府效率，也有助于保证政府廉洁。更为重要的是，这种行政公开制度不仅赋予北欧公民知晓政府文件、政府决策的权利，而且让他们也有权复制有关政府的文字、声音、图像、符号等信息。不必诧异，这便是北欧所提倡的“阳光的行政运行”。北欧的行政公开使北欧民众充分参与到政府的相关活动中，并表达自己对于公共事务的关切，为创造整个社会的幸福做出自己的贡献。

另外，北欧各国的政党筹款制度明确规定，个人向候选人的捐款是有法律规定限额的，候选人收到捐款后必须公布捐款者的姓名、住址、职业、捐款日期和数目。在北欧的政府机构中，官员实行信息公开和财产申报制度。瑞典早在1766年便开始让公民有权查阅官员乃至首相的财产与纳税状况。后来，北欧国家陆续都实行了金融实名的存款制度和官员财产信息公开制度，做到了政府的阳光运行和官员财产的透明。北欧国家的市场经济发育比较健全，这取决于规范的经济体制，体现为政府对企业的行政管制较少，意味着政府的行政审批权非常有限。同时，政府在办公用品、市政建设、公共服务等方面，实行集中采购、招标投标的制度，从源头上杜绝官商勾结、权钱交易现象。

与此同时，北欧廉洁政府是建立在严密而多维的权力制约机制之上的。北欧国家对公职人员的权力制约机制十分健全，形成了一个由政府内外组织、正式和非正式组织、政治和行政、司法系统全面参与的立体监督网络，有效制约了权力滥用的行为。我们尤其要关注北欧民众的自觉监督，他们会通过新闻媒体、舆论、举报、游行、示威、罢工等揭露腐败，调整政府的行为，这种自下而上的监督对约束官员行为更为有效。

（三）反腐立法再加监督制衡

北欧国家还拥有比较健全的反腐败立法。早在20世纪初，北欧国家就已经开始制定反腐败的相关法律，强调预防与惩治相结合。瑞典于1919年、1962年、1978年制定和完善了《反行贿受贿法》。芬兰在20世纪20年代制定了《公务刑法》，积极、消极、直接、间接的腐败，滥用职权或滥用公共信任等，都被认定是触犯刑法的行为。公务员接受金钱、珠宝、家用电器、低利息贷款、免费旅行都可被视为接受贿赂，甚至接受荣誉头衔和有关部门的推荐也可能被视为受贿。北欧国家的公务员只要被指控受贿，如果罪名成立，将立即被免职。丹麦虽然没有专门的反腐败法典，但在其刑法典的有关章节明确规定了有关贪污受贿罪的罪刑规范，对贪污罪的刑罚大大高于其他经济犯罪的处罚标准。比如，规定较轻的行贿和受贿都要分别“被处以罚款或不超过3年的入狱”和“被处以不超过6年的入狱或者在减轻处罚的情况下处以罚款”。然而，“重刑”并不是北欧国家遏制腐败的灵丹妙药，北欧国家反而是对腐败处罚最轻的地方，如芬兰对腐败犯罪的最高刑罚为有期徒刑4年。因此，反腐立法之余还需要监督与被监督。

在北欧，国家权力与行政管理权力分离，公务员与行政权力分离，有效防止了行政权力演变成公务员私人的权力。这种对行政权力的监督与制衡，会比较有力地防止以权谋私、权钱交易等腐败现象的产生。对政府和公务员的监督，他们自有健全的监督系统：国家审计员对公共服务方面的财政及法律活动予以监督；设有官员廉政调查委员会，监督政府部门、公务员以及其他执行公共服务职能的人员的活动，任何人都可以向该委员会起诉；高等法院法官负责监督决策的合法性以及中央政府和政府官员行为的合法性。这个监督系统覆盖了政府机构的方方面面，对政府工作人员形成了较强的约束力，有效遏制了腐败现象的发生。难怪瑞典的一位女检察长说，她当检察官32年来，从未受理过一起官员腐败案件。如果一名官员被发现用权力做交易的话，那他将为此付出惨重的代价。1995年，瑞典前副首相萨林女士就是因使用公务信用卡购买个人衣物引起非议而被迫辞职的。

最为重要的是，北欧国家通过长期的廉政教育，营造了一个浓厚的廉政文化氛围，使得贪污受贿、侵吞社会财富等行为如同偷盗抢劫一样，被视为不义之举。瑞典、芬兰重视培养公民的守法观念，中学开设法律基础教育课程，录用公务员须考法律知识，上岗必须进行守法宣誓。瑞典有一所成立于1923年的反贿赂研究所，专门宣传有关法规，并开展咨询活动。丹麦对警察进行经常性的职业道德教育，包括内部的纪律教育、价值观教育和职业道德教育，对警察的纪律状况进行经常性的统计和分析，防范各种违纪和腐化苗头，并通过警察工会活动等方式建立健全警察文化，培养警察的高度荣誉感和责任感。

受北欧廉政文化的熏陶，北欧国家官员平民化特征十分显著。《品味北欧廉政文化》一文是这样描述的：他们没有任何特权，总统平时骑自行车、市长乘地铁上下班已经不算是什么新鲜事了。在请客吃饭上，政府以法规形式制定了全国统一的执行标准，全体官员遵章执行，每顿饭一律为一菜一汤一饭。根本不存在名酒名烟、山珍海味。从住宅上看，北欧国家的官员和普通民众一样，不分级别、头衔，一律居住在普通的住宅区。而且在廉政文化和克己奉公的理念指导下，北欧国家官员为民、务实已蔚然成风，追求工作绩效是第一要务，在他们看来，晋升的唯一渠道是脚踏实地的一个字——干。

统观北欧国家的廉洁政府建设，严密的制度设计是其成功的重要因素，这为提高北欧民众的政治公平感提供了坚实的制度保障。北欧国家的廉洁政府建设为世界其他国家树立了典范，我们也可以从中得到具有借鉴意义的启示。北欧人的幸福法律的约束和制度的规范，更需要在全社会培育起崇尚廉洁的道德文化观念，只有如此才能从根源上杜绝腐败。

四、结语：幸福是一种制度选择

要增加人们的幸福感，最根本的是要在制度建设上，让人们获得免于恐惧的幸福。虽然幸福是个人的主观感受，但是，幸福高度依赖于制度保障。没有制度保障的幸福就如空中楼阁，不堪一击。人们的幸福，也许并不在于自己拥有了多少，更重要的是，他们需要一个公平公正的制度环境来保证他们的幸福。北欧人之所以幸福，很大程度上是因为他们拥有完备的分权制度、公共服务制度和廉洁政府制度。

第九章

幸福北欧人的文化密码

充裕的物质条件和完善的福利体制，大大增加了北欧人生活的幸福指数，也反映了他们对高品质的幸福人生的执著追求。然而，如果我们认为拥有房子、车子、票子，就等于拿到了幸福的入场券或者认为病有所医、老有所养，就等于拥有了幸福的钥匙，那就大错特错了。世界上不乏富可敌国但精神贫瘠之人，也不乏那些有命挣钱却没命花钱的“穷人”。

幸福仅仅是一种主观感受，和物质有关，但也无关。它与人的主体价值观有关。幸福观一旦形成，相对来说比较稳定。幸福是一种主观选择，面对同样的物质条件，有的人选择了幸福，有的人却选择了不幸。选择的差异和每个人灵魂深处所隐藏的文化价值观念密切相关。

要理解北欧为什么拥有如此完善的福利体制，为什么可以成为世界上幸福指数最高的国家，需要我们走进他们的灵魂深处，去窥探他们平凡的行为背后的文化价值理念。这就不能不谈基督教信仰带给他们的巨大影响。

一、基督教文化：在劳碌中享福

自16世纪欧洲宗教改革起，基督教新教在北欧便开始了广泛的传播，并最终取代北欧神话而在北欧各国中占据了统治地位。基督教被大部分北欧国家确立为官方宗教。时至今日，北欧的一些国家仍然在宪法上确保了基督教的地位。

北欧国家的基督教文化底蕴非常深厚，北欧民众对基督教的信仰在很大程度上影响了他们关于幸福的定义。在基督教文化的熏陶下，北欧民众的心态是知足常乐的，因而更易获得幸福感。

基督教的幸福观充满了辩证关系。在别人看来很多的不幸，在他们看来，却是幸运。这与我们中国哲学中的“祸兮福之所倚，福兮祸之所伏”的说法有一定的异曲同工之妙。例如，在《圣经》马太福音中，耶稣教训众人，便谈到了幸福这一永恒的主题。他说：

虚心的人有福了！因为天国是他们的。
哀恸的人有福了！因为他们必得安慰。
温柔的人有福了！因为他们必承受地土。
饥渴慕义的人有福了！因为他们必得饱足。
怜恤人的人有福了！因为他们必蒙怜恤。
清心的人有福了！因为他们必得见神。
使人和睦的人有福了！因为他们必称为神的儿子。
为义受逼迫的人有福了！因为天国是他们的。

黄思义牧师在《幸福有多远》一文中是这样描述幸福的：

幸福是什么？
幸福不是人的称赞或尊重，因为人会改变。
幸福是，神把你当作宝贝。
幸福不是人的肉身长生不老。
幸福是耶稣应许一个永恒的新生命。
幸福不是人在地上与世无争。
幸福是，耶稣说：我赐给你世上无法给你的平安。
幸福不是钱财的加增。
幸福是耶和华是我的牧者，所以我必不致缺乏。

也就是说，不管在什么境况下，只要借着信仰，他们都可以感到富足和喜悦。正因为如此，北欧人可以看轻生活中存在的一些苦难，而认为这是上天给他们的一个磨炼，为要成就自己美好的品格。他们可以看轻金钱和物质，因为他们深信，他们不需要积财宝在地上，而需要积财宝（品格）在天上。

中国传统文化讲究吃苦精神。我们有一句古话叫“吃得苦中苦，方为人上人”。中国还有“头悬梁、锥刺股”这般吃苦耐劳的典故，被传为千古美谈。然而，基督教所宣扬的人生，并不是如我们许多人所想象的那样，是一种苦行僧般的苦难人生。恰恰相反，他们非常注重对现实生活的享受，是典型的享乐人生。在基督教文化中，“享乐”并不是一个贬义词，而是值得褒扬和提倡的生活方式。

那么，基督教文化又是如何看待未来的呢？中国甚至是东亚的文化都是长期导向型文化，注重考虑未来。我们经常说：人无远虑，必有近忧；人无百岁命，却有千年忧。然而，基督教文化却是典型的短期导向型文化，他们不注重未来，认为要把未来交给他们的神，他们所要做的，就是享受当下。真正幸福的人生应当一无挂虑，把所有的忧虑都卸给神。

不为明天忧虑，并不表示他们今天不努力工作。他们可以努力工作，但是，却可以享受他们每天辛苦劳作的果实。从基督教的享乐观和未来观来看，他们确实更容易感到生活的幸福和喜乐。

二、家庭第一：享受闲适人生

北欧人的生活比较富裕，拥有获得幸福的更好的物质条件。但是，北欧地处严寒地带，因为冬季漫长，日照不足，抑郁的人相对较多。这也使得北欧人更多地去思考有关幸福的问题。因此，最早研究幸福的，并不是那些贫穷落后的国家，而是这些经济发展水平相对较高的北欧国家和地区。

在北欧人的眼中，真正的幸福感源自内心，是一种对生活和自身的满足。在他们心中，财富并不能决定幸福。幸福是平实的，是生活的点点滴滴，因而，家庭幸福是北欧人最为看重的幸福。家人健康、家庭和睦、孩子快乐是他们感到最幸福的事。

对物质上已经相对富足的北欧人来说，物质并不缺乏，他们主要追求的是生活品质。如果要北欧人加班加点，用房子、车子、票子去诱惑他们的话，大多是徒劳无功的。北欧人说：我们的时间很珍贵，我们必须花时间和妻子、孩子在一起，除了是公司的员工之外，我还是丈夫和父亲。金钱不能买到时间，如果我们错过了和家人在一起的时间，有多少钱也无法弥补回来。

对北欧男人来说，孩子不是他们在寻求成功过程中的一个背景，而是他们生活品质的一个最重要的部分，是他们生活的重心。与孩子在一起的每时每刻对他们来说都是幸福。

对于北欧男人来说，孩子是生活中非常重要的组成部分。他们很乐于当一个奶爸，经常可以看到街道上很多年轻的爸爸推着婴儿车，拿着奶瓶，周到细致地喂养婴儿。北欧的很多公司都设有专门的幼儿园和喂养室，男用洗手间也设有婴儿换尿片的操作台。这些奶爸似乎受过专业的训练一样，给婴儿喂奶和换尿片的动作很娴熟。

北欧男人和女人一样，可以休带薪产假，有的国家甚至长达一年之久。生小孩对于他们而言，是一件大事。这些奶爸经常乐此不疲，他们认为，自己在孩子成长的过程中扮演了非常重要的角色。一个男孩如果缺乏父亲的陪伴，可能缺乏阳刚之气，没有父亲的表率，长大了不知道如何做男人；一个女孩子没有父亲的陪伴，可能会胆小怕事，长大了不知道找什么样的对象。一位丹麦人说："我宁愿放弃一份高薪的工作，也不能错过和孩子共处的时间。孩子前三年的成长很关键，会影响他们的一生。我每天花在陪伴女儿上的时间就有6个小时，我给她喂奶，换尿片。她如果一天看不到我，就会哭个不停。为了每天可以看到她，我放弃了一个升迁的机会。我无法想象我不能每天陪伴在她身边、给她讲故事，是怎样一种情形。我不愿意错过她成长过程中的每一个细节。"

北欧人的幸福观看重的是生活品质，他们所崇尚的生活方式并不复杂，也不奢侈，他们追求一种简单质朴、自然和谐的生活品质。瑞典人佛德里拥有三个注册公司，是个不折不扣的富翁。但从他身上，根本看不见富人的影子。没有名牌西装、名牌手表，没有什么佩饰物，他的外形显得与普遍人没有什么两样。他一日三餐，没有山珍海味，吃得非常简单。平时，他也很少去奢华娱乐场所，有时间就回家跟家人在一起。北欧人经常被称为地球上最懂得生活的一群人。如此简单的生活方式正是北欧式幸福的秘诀，也是北欧国家连续多年被评为世界上最有幸福感的国家的法宝。

在北欧城市里，放眼望去，看不到高楼大厦，而是看到很多穿着朴素的人，他们的食物也很简单。由于北欧拥有一套完善的社会福利体系，北欧人的生活是有保障的，他们不会为了加班、生病等而烦恼。在北欧，一般每个人每周工作约 37 个小时。每天 8 点上班，下午 4 点下班。一般每年还有 25 天的带薪假期。北欧人不会拼命工作，他们的商店一般下午 5 点就关门了。大家都想尽可能地多享受生活，多一点时间和家人在一起，多一些时间去旅游。他们的生活节奏比较慢，在街道上、在山上、在湖边，我们经常可以见到一些悠然自得的人，在散步，在观赏周围的美景。他们不会存很多的钱，有钱就消费，甚至经常还超前消费，他们尽可能地利用每一个机会，让自己生活得更具有快感。

北欧人的幸福就是在简单的生活中寻找属于自己的乐趣，以一种平和的心态过着舒适的生活。

三、男女平等的模范国家

北欧人的幸福还来自他们享有的平等、公平和尊重。美国心理学家马斯洛认为人有五种基本的需求：生理需求、安全需求、社交需求、尊重需求和自我实现的需求。当生理和安全需求得到满足之后，人就会进而产生情感和归属的需求。之后，人会进一步需要得到别人的尊重，享有公平，并可以实现个人理想、抱负，发挥个人的能力到最大限度，达到自我实现境界。如果这些更高境界的需求可以被满足，个人就会更加具有幸福感。北欧人的幸福，就是建立在平等和尊重的需求可以很好地被满足的基础之上。

北欧人的平等理念来源于基督教的“人生而平等”的价值理念。他们认为，“公民有权分享平等的公共服务”、“我为人人，人人为我”。这种平等价值是普世的。在北欧国家，政府的服务对象是所有的社会成员，社会成员之间不存在身份地位的歧视，这种自上而下和自下而上的平等理念为北欧民众获得幸福感提供了良好的社会环境。

据2010年“世界经济论坛”中一项针对全球134个国家和地区进行的性别调查报告显示，北欧囊括了前四名，冰岛连续两年高居男女平等排行榜榜首，蝉联了全球男女最平等国家，排名第二的是挪威，第三是芬兰，第四是瑞典。

如果你第一次去北欧，可能你已经被人忠告过，这里并不时兴“女士优先”的绅士作风。古代北欧男人经常出海，成为海盗。女人在家要操劳一切，这些经历让女人们非常粗犷和强大。她们什么活儿都能干，并不需要男人的特殊照顾。如果你表示绅士风度，帮女人提行李、开门、让座，她们不但不感激你，还认为你不够尊重她们。中国人小刘第一次到挪威，就因为这个吃了个哑巴亏。有一次，他在机场看到一个女人一手抱着孩子，另一手还拖着一个硕大无比的行李箱，小李顿时想发扬一下国际友爱精神和乐于助人的精神，伸手帮这个女人推了一下行李箱。这个挪威女人感到箱子一下轻了很多，诧异地回头看了一下，发现了这个中国男人。她有些不悦地说：“你想干什么？我自己能干的事情，不需要你帮忙。”自此之后，小刘再也不主动帮助挪威女人。回到国内，他还一下子无法适应新环境，小刘周围的人纳闷了，小刘之前的那个绅士风度好像慢慢消失殆尽了。

北欧女人在家庭中很强悍，男人普遍有些惧内。有时，男人还显得过于阴柔，引起女人们的不满，指责男人过于娘娘腔，看不到男子汉气概。这让很多北欧男人感到委屈，如果他们太强势，这些要求女权的女人会指责他们搞男女不平等，如果他们太弱势，又会被指责不够男人味。所以，在北欧，无怪乎有人说，做男人难，做北欧男人更难，做有有男子汉气概的北欧男人难上加难。

此外，北欧体育界也存在着阴盛阳衰的现象。北欧女人身材高大魁梧，体格健壮。在奥运会等大型赛事中，女运动员的成绩往往要好于男运动员。在挪威，女足的注册会员甚至超过男足。

在北欧，有的女人不但在家里尽领风骚，在政治舞台上也叱咤风云，发挥着重要的角色。例如，挪威首相、冰岛总统、芬兰总统都曾经或正在由女性担任，在北欧各国政府、议会中，女部长、女议员更是占据了半壁江山。这些女人当政，自然在政策层面上给予女性们很多的照顾，男人们也没有太大的异议，没有人提出女人们在搞特权，为女人们谋福利。

除了男女平等外，北欧的平等理念还表现在公民的政治参与上，北欧国家的民众都有权力参与制定国家的公共政策，发表自己对公共政策的看法和意见，甚至反对某些公共政策。瑞典政府提倡和鼓励让所有的市民参与到社会建设中，让所有的市民有权利向政府表达自己的意见。其中，论坛是瑞典市民政治参与的重要途径之一，他们可以在论坛上自由表达自己的要求甚至抱怨。这种政治参与的平等和自由不仅提高了市民的政治热情，而且也拉近了市民与政府的距离，不管是市民个人还是政府，都是为了幸福而奋斗。

最重要的是，在平等理念的背后，人们可以感受到自己得到了足够的重视和尊重。特别是在生活的基本物质需求被满足之后，人对精神生活的要求就相应提高了。当一个人感到公平、感到受尊重，幸福感也就会油然而生。

四、终身学习的乐园

作为人的一种主观感受，幸福的获得需要精神的富足，因而需要知识的给养，以此充实人的心灵。北欧人的幸福与他们的终身学习观念有着不可分割的联系，他们将学习视为人生中不可缺少的一部分，通过终身学习来提升自己的生活品质、完善自己的精神生活，最终获得自己所要的幸福。

在北欧，人们读书不是为了改变命运，而是为了兴趣，为了最大限度地实现自己的价值。

在北欧国家，因为大家都很热爱读书，很难想象有哪一个家庭会不让孩子接受教育，所以这里几乎没有文盲。中国人小张到了丹麦后说："虽然我不会丹麦语，但是与人交流一点困难都没有。这里90%的人会说英语。这里的人实在太爱学习了。随便走到哪里，在车上、公园里，都可以看到有人捧着一本书在用功，很多人在看外语书，背单词。有一次，我走在公园里，有些迷路了，想问路，发现大家都捧着书本在读，我实在不能找到闲人问。只好走到一个人面前，跟他打了两次招呼，他都没有反应。他在看一本小说，看得太入神了。我都不好意思打扰他了。我正准备转身要走的时候，他忽然发现了我。非常腼腆地朝我笑了笑。"丹麦被誉为人人学习的"学习王国"，在这个只有540万人口的国家，不仅孕育了童话作家安徒生等一批世界著名的作家、科学家、雕刻家，而且在20世纪就有12位丹麦的学者获得了诺贝尔奖。

在北欧，因为大家都爱书，这里的书总是很畅销。据说瑞典每年有两次书籍大减价时期。人们在减价时节，一般会在大清早排队去"疯狂购书"。一位购书者说："我是有些嗜书如命。我现在家里的藏书就有3000册。工作之后，每月工资大半用来买书。今天我早上5点就起来了，害怕太晚来书卖完了。我已经列好了一张买书清单，今天想买的书有60多本。”接着，他小声地补充说：“我这么早来排队还想利用今天的时间看看其他今天不打算买的书。我不能一下子买太多，钱袋子会吃不消的。只好来看书了。”

冰岛人不管贫穷还是富有，都把书籍视为最佳的赠品，甚至当作姑娘和小伙子定亲的彩礼。冰岛全国国民，几乎个个识字，而且会写诗作画。吟诵诗歌和即兴创作，是冰岛人欢迎和招待宾客的传统礼节。像冰岛人这种传统的学习观念，已经成为北欧人心目中一笔巨大的精神财富。

芬兰自2000年开始参加由世界经济合作组织（OECD）每三年进行一次的15岁学生能力评估，连续三次在科学测试中保持第一，阅读成绩连续两次位居榜首。

2007年，挪威用于十年义务教育和高中教育的经费占GDP的百分比已达到9.8%，居世界之首。

芬兰、挪威、丹麦这几个国家都非常注重教育传统、教育发展和终身学习。由于这三个国家的人口较少，资源也相对匮乏，所以他们都非常重视人力资源的开发，注重提高人的综合素质，把加强对社会成员的教育特别是终身教育作为最重要的任务。用芬兰的一些教育工作者的话来说：“芬兰除了森林外缺少自然资源，芬兰经济的成功取决于人力资源的开发和高质量的教育与学习系统。”

北欧人认为，终身学习贯穿着人的一生。因此，无论是牙牙学语的婴幼儿，还是白发苍苍的老人，都在努力不懈地学习。赫尔辛基大学继续教育学院，是欧洲最大的继续教育中心，在这里进行学习和培训的有4万多人，其中有2381个老年人在这里学习。芬兰的终身教育政策简单一句话就是："学习从来不晚，终身教育覆盖所有年龄。"

北欧人所倡导的终身学习包括所有水平、所有形式的学习。终身学习最重要的是学习各种技能、知识和能力。授人以鱼不如授人以渔。因此，培养能力又是终身学习的首要目的。北欧人鼓励边工作边学习，遇到问题就针对问题而学习，这样的学习才能真正做到学以致用。终身学习可以是正式地进入大学或者继续教育机构学习，也可以是自己在家自发地学习，总之，终身学习是一种随时随地学习的习惯和观念，这已经深入到北欧人的潜意识当中。

终身学习理念已经成为北欧全社会的共识，并且已经转化成共同的行动。北欧诸国是世界上为数不多的用立法形式确立终身学习理念的国家。

2006年，丹麦在欧盟的推动下提出了终身教育的国家战略《丹麦的终身学习战略：全民教育和提升全民的终身技能》。该战略提出了终身教育的目标。无独有偶，2007年，挪威出台了《挪威终身学习战略》。北欧国家对终身学习的重视可见一斑。

北欧各国政府为培养人民热爱学习的爱好，创造了很好的硬环境。各国均不惜斥巨资建设博物馆、图书馆或者纪念馆。在北欧，也许你可以看到的图书馆要远远多过旅馆。在赫尔辛基，有59个博物馆，他们的旅馆、酒店统一为四星标准，据说加起来也不超过10个。芬兰是世界上图书馆密度最大的国家之一，平均2000人就拥有一个图书馆。他们每一个社区也基本会有一个图书馆。看到这么多的图书馆，或许我们很容易就晕了。在中国，50万人才拥有一个图书馆。芬兰的图书馆应有尽有，有国家图书馆、院校图书馆、专业图书馆和公共图书馆。其中专业图书馆又有议会图书馆、戏剧图书馆、统计局图书馆、电影档案图书馆、气象局图书馆、劳动保护局图书馆等。经常到图书馆借书的一位读者说：“我在这里一待就是一天，这里不仅可以借阅一般图书、音像图书、录像带及各种光盘、影碟，还可以阅读报刊。我来这里经常上网，这里上网是免费的。如果自己要复印什么资料，也没有问题，可以使用这里的影印机和传真机，不过要收取少量费用。”

北欧国家的图书馆为了方便全民阅读，工作非常细致和周到。图书馆会有针对性地为各种不同群体的人服务。例如一般图书馆都有儿童部，方便儿童阅读。他们还为一些特殊群体提供特殊服务，例如，为弱视、聋哑人和其他有阅读障碍的人提供服务。年老的莉丝是书籍爱好者，她现在行动不便，但是一样可以阅读到很多书籍。她说：“对于我们这些因为疾病、年龄或残疾无法自己到图书馆去的居民，图书馆会给我们提供上门服务，每次他们都把书和其他资料送到我家里，我感到很享受。”值得一提的是，图书馆还经常到老年社团机构、医院和监狱去开展上门服务。这些群体也被认为是他们实行全民读书和终身教育的重要成员。即使是罪犯，进了监狱，依然可以享有图书馆提供的读书便捷服务。

除了图书馆，北欧国家还建设有很多的歌剧院、音乐厅、运动场、高尔夫球场等等。这里也往往是人头涌动的地方。读书累了，居民们就会到音乐厅或者运动场去放松一下，从而更容易地重新进入读书的状态。

五、幸福的保障：清廉文化

社会风气的好坏也会影响人们的幸福感，清廉的社会风气会拉近人们与幸福的距离，而腐败则会激起人们内心因不公而产生的失衡和愤懑。

北欧的清廉理念首先体现在北欧民众的监督意识和反腐意识上。2001 年，美国《读者文摘》杂志也曾针对 30 多个国家做过一个试验——在每个国家里选择几个地区，故意在那儿丢下 10 个钱包，里面装有相当于 50 美元的当地货币，最后统计钱包交还失主的比例。结果，最诚实的 5 个国家是挪威、丹麦、新加坡、新西兰和芬兰。通过这项小小的测验，可见北欧民众高尚的自律意识和自我监督意识，这样全体社会也才得以拥有清廉风气成长的土壤。

2007 年，《瑞典南方日报》刊载的一则新闻同样体现了北欧民众的反腐意识。话说在瑞典南方小城隆德，有位年轻人到警局报案，说是有人偷走了他心爱的长号。值班的警察随口对他说："如果你想尽快找回长号，就请破案后买些馅饼送来。"这馅饼，其实就是一种瑞典风味的三明治，瑞典人习惯在喜庆的时候买些来与朋友分享。年轻人爽快地答应了，他立即跑到面包店预订了一份够 8 个警官吃的馅饼。办案警官们得知有馅饼在等着，立刻加快了办案速度，很快追回了长号。不过，警察们并没有去取馅饼——在破案那天的清晨，他们为一位同事的调离举行了欢送会，已经吃了足够多的馅饼。但事情并没有结束，有人知道此事后，向法院起诉了那名索要馅饼的警官，说这违反了警察的规定，尽管这（吃馅饼）也是大家约定俗成的惯例。结果，这名干了 38 年的老警官还是被判超越了警察局的"厨房限定"（不能接受请客送礼)，扣罚8天工资。从他的收入来看，这笔钱真能买一大堆馅饼了。

北欧人认为收别人的礼品是不能接受的行为。如果请公务员吃饭，一般也会遭到拒绝。即使看起来并不是太珍贵的物品，也可能让北欧国家的公务员的前途毁于一旦。他们一般刚上任的时候，就会被告诫：可以喝一杯啤酒，或者吃一个三明治，但如果不小心喝了别人的葡萄酒，那么随时随地都可能出问题。芬兰的一个公务员说："我们非常谨慎，为了让自己行为不出格。再小的礼物，我们也不能收。有人请吃饭，我一般也不会去。这不但是因为我们的法律很严格，更重要的是，我也不想让自己成为一个经不起腐败诱惑的人。没有什么比诚实劳动更重要。"

因此，他对刚刚毕业并进入公务员体系的年轻人说："我们需要时刻提醒自己，不要与腐败有任何的关系。所以，我们一毕业，就需要弄清腐败的界限，接受礼品或接受请吃饭到什么程度才算是腐败。为了避免瓜田李下之嫌，我一般不接受任何的礼物。我前几天接待一批官员，我们一起吃饭，完了，我们在网上详细列出这些事项，这就是透明化。里面说明吃饭的有些什么人，点了什么菜，花了多少钱。如果媒体有问题，会来找我们，公众觉得不妥可以举报。"

为了更好地管理，区分公务员用车是为公还是为私，芬兰政府设计了一套严密的监控系统。芬兰一位公务员说："每次上车的时候，我就先按公车上的两个按钮，分别刻有'公务'和'私事'字样。如果办公事按'公务'，如果办私事也按下了'公务'会带来很大的麻烦。如果汽车实际行驶的方向不对，看起来不像是在办公事，监督人员立马会打来电话。在这个问题上犯错是愚蠢的，没有人会这么做。因此，这个系统实行以来，我还没有听说过谁被抓到了。”对于因公出差，芬兰各部门对于出差目的、期限和报销数额都有详细的规定。部局级高官出访，因为涉及重要政务，都要总理或议会批准。但公务员一旦获准出差，差旅费标准就很高。他们自离开家门去机场开始就算出差，开始领取出差补贴。到了目的地一般都能住四星、五星的旅馆。在住房方面，公务员没有特殊的优惠条件，住房条件基本跟普通人一样。

在丹麦，为了防止公务员公私不分，政府各部委、议会、军队等部门均设有专职的管理人员，主要负责为出差人员通过旅行社预订旅馆和机票。如果是偏远国家，旅行社无法从丹麦预订，出差的公务员可以自行解决。《环球时报》一篇文章谈到：在欧洲一些国家，旅馆是提供早餐的，所以丹麦给公务员的出差伙食补助是每天至多 200 克朗（文章发表时 1 美元合 6.6 克朗）。除了伙食补助，丹麦还每人每天补贴约 100 克朗。如果只出差一天，则按小时补贴，每小时约 10 克朗。公差人员只能坐公共汽车。如果出差地没有公共汽车，出差者可以坐出租车。官方代表团出访经过第三国也有严格限制，绝对禁止在没有公务活动的国家过夜，除非当天没有返程的交通工具。丹麦的公务员曹本搞过一段时间的人员招聘工作。他说：“没有人因为找工作敢行贿，也没有人敢受贿。为什么？我们认为搞权钱交易是可耻的。同时也有严格的处罚措施。如果你敢受贿，搞权钱交易，你十有八九会被开除公职。因受贿而丢工作，不划算。”丹麦官方代表团绝对禁止收受和索要本国驻外机构的礼品。接待外国代表团来访时，丹麦方面严格按规定办事。在丹麦外交部工作的安德森说：“有的国家代表团访问丹麦时，有时要求超规格接待，我们一般不接受，因为这是规则。我们要保持平衡，否则，媒体会批评我们怂恿腐败。”

丹麦为了体现公务员的平等性，除了首相、副首相、各部大臣、议会主席外，其他人的住房、乘车、乘船标准都一样，也就是说坐飞机只能坐经济舱。计划外的出访不能去，人家出钱也不行。

在北欧国家，公务员作为一种很受欢迎的职业，社会地位较高。在这样一些人口不多的国家，一名公务员如果因腐败受贿被揭发，就会被从整个工作、社会生活圈子中剔除，代价高昂。由于机制健全，加之人员素质高，工资水平较高，丹麦、冰岛和芬兰很少有官员行贿受贿。行贿受贿在芬兰受到的惩罚以罪行严重程度划分，从一般性罚款到判处最高达 4 年的监禁。公务员接受金钱、珠宝、家用电器、特殊（低利息）贷款、免费旅行等都可被视为接受贿赂，甚至接受荣誉头衔和有关部门的推荐也可能被视为受贿。公务员如果被指控受贿，罪名成立，将立即被免职。

由此，北欧的清廉理念为北欧营造了廉洁的社会环境，不管是普通民众还是政府工作人员，都以贪污腐败为耻。政府的清正廉洁、公务员的克己奉公、普通民众的监督反腐，都为通往北欧式幸福开辟了一条光明大道。

六、结语：幸福是一种文化选择

幸福是什么？

诚然，物质可以为幸福提供更好的保障。但是，物质本身并不能必然导致幸福。幸福乃是一种文化选择。北欧人之所以幸福，是因为他们的文化中所孕育的诸如享乐、家庭、平等、教育和清廉等理念。幸福是一种主体的主观感受，每个人的感受都深受他置身于其中的文化的影响。培养幸福的国民、幸福的一代，需要更多地思考如何从文化层面着手。而孕育幸福的文化和价值观，并非一代人所能做到，它需要好几代人坚持不懈的努力。

第十章

对北欧人幸福的思考

丹麦作家安克赛·森纳茂斯曾经在1933年出版了一部畅销小说《一个逃亡者的足迹》，他虚构了一个叫“爷大”的地方，住在爷大的人，总是想方设法贬低别人，并且总在传达“别以为你比别人强”、“谁也不比别人差”的哲学。在这种攀比和对谁也不服气的哲学中，人们是很难感到幸福的。这种“爷大”定律，在北欧国家并没有市场，反而是备受质疑和讽刺的价值观。与“爷大”定律相反，北欧人民认为真正的幸福感来自对自我价值的肯定，对个性的尊重以及正确地看待差异。

作为北欧人，无疑是幸福的。北欧福利制度带给他们最大的选择自由，因为没有生计的压力，他们可以选择凭着兴趣和个性做事。福利制度也给他们带来了前所未有的平等。

然而，北欧人的幸福并非没有任何的问题。我们知道，北欧人的自杀率一直很高；在金融危机中，高福利的冰岛政府一度面临破产；面对加入欧盟和全球化的压力，北欧的福利制度受到严峻的挑战。幸福并不是没有问题，而是面对问题知道如何用更加正面的方式去回应和解决。即使在这些“不幸”中，北欧人仍然可以淡然处之，幸福地生活。所以说，幸福是一种态度和人生选择。

那么，幸福可以移植吗？北欧人的幸福有什么可以为我们所借鉴的呢？这是值得我们探讨的问题。

一、北欧福利制度带来的幸福

人们的幸福感是主观的，在很大程度上与人的心理和社会需求是否得到满足有关。人不但有物质的需要，也有心灵的需要。当物质匮乏让人穷于应付的时候，可能我们不会考虑到精神需要。但是，一旦物质需要得到满足，人们就会自然而然地进入心灵层面，可能会感到心灵空虚。因此，单靠物质财富难以实现国民的幸福。要让国民幸福，必须让他们感到平等、自由和受尊重。

（一）自由平等的幸福

一个国家的国民是否幸福，我们从他们的街角就可窥知一二。街道上不时可以看到残疾人讨饭、穷汉街上过夜等等现象的，说明这个国家和社会还存在很多弱势群体，不能得到国家的福利保护，这样的国家的国民距离幸福的路途还相当遥远。然而，北欧福利制度带给他们的则是另外一种景象。北欧的福利是面向全体国民的，无论贫富贵贱，都可以平等享有。在北欧，小孩自从出生，国家就按月发放牛奶费、尿布费，直到 16 岁。从幼儿园起一直到大学，上学都不用交钱。老人国家负责养老送终。

吉登斯曾说过："福利国家是一个长期的公民权演进过程所达到的最高峰。"高福利体现了北欧国家对人的平等和自由的高度尊重。北欧的福利制度贯穿于人的一生，"从摇篮到坟墓"。每个人，不管生老病死，都有国家福利的保障，这使人免于生存的巨大压力，把人从忧虑和恐惧中解放出来。

北欧一位老年人谈到他们国家的福利制度，脸上洋溢着幸福的笑容。她说："我年轻的时候，还没有这么完善的社会福利。我体会过生存的压力。现在，我们有了高福利，没有经济的压力，就感到很自由、很轻松。这样，我们就有时间去想自己真正想要的生活是什么，自己的兴趣是什么。为了乐趣去做事，没有什么能比这个更能给我们带来幸福的了。”

北欧人的幸福体现在人与人之间的平等上。这里崇尚平等主义，在北欧教育体系里，有一种特殊的考试方式叫“集体考试”（group exam），类似于我们所说的“大锅饭”。在北欧的课堂中，老师经常布置以团队为单位完成的作业或考试。学生可以自由形成两个人以上的团体，一起写报告，一起去考试，老师给每个组的成员一样的分数。如果学生发现有人老是不写作业，老搭便车，不尽义务，随时可以拆伙，把偷懒的人赶出去。如果人越多，老师对于小组的及格标准或报告要求就会越高。这里体现了一种典型的平等主义的观念，同时，也培养了学生的团队合作精神。

北欧人直言：“我们没有暴发户，很少有亿万富翁，也没有极端贫困户。”高税收是政府调节个人收入、保护利益均等的主要杠杆。税收虽然很高，但他们都自觉缴，因为这是“为自己缴”。同工同酬，是形成合理工资分配制度的基本原则，北欧主张人与人平等，只要认真工作，不管企业效益好坏，工资都相同。

北欧人的幸福体现在对弱势群体的关怀上。保护弱势群体是社会文明和进步的重要体现，也是维系社会和谐、安定团结的重要举措。罗尔斯也认为，一个公正与公平的社会，应该是一个尽可能地使社会中处于最不利地位的人多得好处的、较少受损的社会。

北欧人不用担心失业。一旦失业，他们也不必担心会穷困潦倒或者流落街头。因为北欧国家一般都有社会救助和住房补贴，即使再穷困，也可以因为这些福利政策拥有体面的住房和生活。失业了，他们可以领失业救济金。北欧的一位失业者曾经很感慨地说：“我从来没有想过我会失业，当这天到来的时候，我感到天要塌下来了。但是，当我到失业登记所登记并了解到国家对失业人员的救济和帮助后，我很快恢复了信心。我积极地参加培训，很快又找到了新的工作。应该说，没有失业救济体系，我无法想象我现在会是什么样子。”

北欧国家对于残疾人有特殊的优待。国家为残疾人提供很多的便利，设有康复教育系统，为他们提供良好的教育。几乎所有的道路、建筑都有为残疾人设立的专用车通道与设备，如残疾人专用厕所、各个路口的红绿灯音响设备等。残疾人还可以拿到残疾人津贴，这足够应付他们生活的一切所需。如果北欧哪个家庭不幸生下了残疾儿童，虽然感到悲伤难过，但是有了社会保障，毕竟不会觉得好像天已经塌了下来。他们更不会因为自己支付能力有限，怕残疾子女连累自己而狠心把孩子抛弃。因此，我们看不到北欧街头有残疾人流落街头卖唱、耍杂技要钱等现象。即使是残疾人，他们也可以非常有尊严地像正常人那样生活。

老人在北欧国家，也备受关怀。北欧的老人，即使无儿无女，也可以生活得很好。他们的一切物质和精神所需，都由政府供应。

（二）民风淳朴的幸福

北欧国家贫富差距小，大多数人都可以进入中产阶级的行列。国民不会不切实际地进行物质攀比。没有摩天大楼和灯红酒绿，只有朴实和平等。在这样的环境中，人们也相应地感到更安全、更幸福。因为少有所学、老有所养，这个社会没有穷困潦倒的人。贫富差距并不是那么明显，也没有偷窃抢劫等社会治安问题。

因为高福利，北欧的社会风气很纯正。这里的犯罪率很低，瑞典整个国家只有4700个服刑人员，这里的最高刑期为7年。即使是罪犯，也能受到国家的照顾。北欧的监狱素有“酒店监狱”的美称。罪犯不仅享有单间，而且每天还有献花。且出狱的人优先照顾工作。对于我们而言，这是不可思议的。他们的罪犯不但受到严苛的限制，还处处得到政府的关心和礼遇。这也说明北欧对人不以严厉的惩罚为主，而是诉诸道德感化。从监狱里走出来的罪犯，往往不会仇视社会，而是对社会充满了感激。

北欧的社会也很少有色情业和博彩业。因为高福利，不用担心生计问题，大家都想做个守法敬业的好公民。这让很多不正之风无处藏身。许多从北欧旅游归来的人感觉北欧真是一块净土。街道和公园很干净，一片纸屑也没有。一切都井然有序，街上没有流浪汉，出门逛街不用担心钱包被偷，也不用担心项链被抢。上洗手间随便把行李放在某个角落，不用人看管，也没有人来偷。更不会有从事不正当职业的人在街上招徕顾客，或者在酒店里打骚扰电话。这里真是民风淳朴。北欧人也相当诚实，非常有信誉。这里很少骗子。即使是顺手牵羊，没有人愿意这么干，更何况是要行骗。

（三）简单生活的幸福

北欧人的幸福体现在简单的生活上。他们并没有多少奢侈品，没有豪华的住宅和名贵的车，也没有珠光宝气。不少人没有房子，这丝毫不阻碍他们去享受幸福。他们也没有太多的存款，然而，却是真正享有生活的富翁。北欧人追求自然、简单。一有时间，他们就到世界各地旅游，去爬山、游泳，让自己融入大自然当中。他们喜欢环保，北欧的土地，只要不是马路和建筑物，大多都被绿色的树木和花草所覆盖。这里的蓝天白云清晰可见，没有太多的污染。风景优美，绿树环抱，湖水清澈。不管刮风下雨，北欧人都喜欢户外活动。他们喜欢阳光，没事的时候，他们会在沙滩上晒晒太阳、伸伸懒腰。芬兰人宁可不吃饭，也要洗桑拿浴。芬兰人喜欢这样说：“把您的疲劳和烦恼留在桑拿台上。”确实，桑拿浴可以带走工作、生活的疲惫，净化人的心灵，让人重新回到简单和谐的世界。北欧人还厉行节约，他们不愿浪费任何一点东西，即使招待重要外宾也只是一饭一菜一汤。即使吃自助餐他们也不浪费。去旅游，北欧人一般不住五星级酒店，因为太浪费了。他们认为，大部分酒店只要干净舒适、能住就行，没有必要一定要住五星级酒店。

北欧人的幸福体现在他们对生活的认真思考和选择的基础上。他们的人生态度非常积极向上，即使遇到难题，也乐观应对。被誉为“21世纪新生活的导师”的珍妮·吕尔斯认为，北欧人的生活态度，“是人们深思熟虑后选择的生活，是一种表现真实自我的生活，是一种丰富、健康、平凡、和谐、悠闲的生活，是一种让自然沐浴身心、在静与动之间寻求平衡的生活，是一种无私、无畏、超凡脱俗的崇高生活。”北欧人对自我道德的要求也比较高。我们知道，北欧人大多为人诚实，对人非常友好和信任。人们之间富有协调合作的精神，这使得他们不必在复杂的人际关系中消耗许多大好时光。这样，他们有更多的时间去读书，去思考。

二、北欧人幸福中的阵痛

有幸福就必有不幸，有欢乐就必有泪水。幸福是相对的，而非绝对的。北欧人在经历幸福的同时，也面对不少的问题，承受着幸福的阵痛。

对于幸福的解读，因为跨文化差异的存在，不同的国家的人也会有不同的理解。作为中国人，我们在羡慕北欧人幸福的同时，也对北欧的制度提出了不少的疑问。

（一）北欧是在养懒汉吗？

高福利制度给北欧国家带来不少的困境。高福利必然需要高税收。北欧的税收之高是西方国家之冠。瑞典一位年薪8万克朗的雇员，须向中央政府缴纳所得税4536克朗，向地方政府支付所得税21665克朗，再除去其他税收1128克朗，以及其他的一些支出，所剩的只有42519克朗，仅占工资的一半。沉重的赋税导致很多问题。首先，就意味着从对政府的欺骗中可以获取高收入。1994年约有100万瑞典人通过“以工换工”等方法获得逃税，这类地下经济占到瑞典GDP的20%。不仅普通工人不能接受高税收，就连一些著名导演、球星、影星也因不堪重税而移居国外。其次，高税收也使投入和收益不成比例，没有劳动报酬的刺激因素，因为缺乏动力，一些人不愿意辛苦工作。这又导致经济发展速度慢，从而影响政府的税收财政收入。

北欧国家推行的高补贴、高福利、高税收政策，虽然在一定程度上抑制了贫富分化，有利于社会公平的实现，但本质上，这种建立在政府干预经济基础上的二次分配，削弱了市场机制的力量，妨碍了竞争，严重制约了生产效率的提高。

很多人批评北欧福利制度损害了经济效率，培植了一种惰性，造成了“不劳而获”或者“少劳多得”的现象，甚至是养了一批懒汉。张红霞曾指出，在瑞典，高福利使人们工作和不工作的收入相差不到20%。因而，人们对请假和缺勤抱轻率态度，20世纪70年代以来，瑞典职工的缺勤人数剧增，欠勤率达到20%，是西欧国家的两倍，是日本的10倍。正如瑞典人自己所言，他们创造了“两个最高”——人的寿命最高和旷工、病假率最高。

Less是一个28岁的年轻人，竟以自己性情不能与人相处所以永远找不到工作为由，领取残废退休金，一生不用做事情。北欧福利制度意在追求公平，但造成的“富人养穷人”、“勤人养懒人”的局面，也远非实现公平。相反，它扼杀了人们进步的动力，其结果是效率与公平不可兼得。

北欧政府实行高福利的初衷是要缩短贫富差距，实现社会稳定。政府提供福利，只是一种辅助、救助的措施，前提是人们要自食其力、自力更生。然而，高福利的政策，却让很多人钻了空子，“从摇篮到坟墓”的高福利很容易让人们产生一种依赖心理，其结果是，低收入群体不但没减少，反而有“故意”上升的趋势。

有学者指出，20世纪70年代中期以来，由于持续的通货膨胀，北欧各国职工的名义工资有了较大的增加，但人们却不愿意晋入高一级的累进税缴纳标准，这是因为很多人的工资增加反而不能抵补多交税款的部分。为了维持年收入不致越入高一级的纳税标准，很多职工隔一段时间就要请几天病假。据统计，在瑞典，职工每年平均病休的时间，1960年为19.2天，而在1979年则增至23天，许多工厂企业的缺勤率常常高达20%以上，从而创下了欧洲最高的旷工率。同时，由于福利政策给予无业者和失业者的社会保险与在职人员的收入相差无几，依赖社会保障不但可以维持基本生活，而且不用纳税，其结果是不愿意工作的懒汉越来越多，造成了一批寄生于该制度的食利者阶层。这批食利者的存在，不仅破坏了福利制度建设的初衷，而且造成了许多新的社会问题。瑞典经济学家林德贝克则把上述现象称为福利国家中的“工作泄劲”。他指出，在高税收和高福利的情况下，产生出一种所谓“替代效应”，即人们宁愿以多缺勤来取代过去的多工作，以便在家里从事某种服务性生产，有的甚至干私活，搞黑市交易，或者以失业替代就业，以便靠失业救济金生活而等待更好的工作。他认为高税收和高福利所造成的人们“工作泄劲”问题，乃是生产率下降的一个深刻原因。

由于“吃老公”、“大锅饭”的现象比比皆是，人们尽量占公共福利的便宜。“既然我们为公共福利纳了那么多税，就要想办法尽量捞回来。”一名登记为失业者的 Edison 如是说。然而实际上，他却比整天在公司上班的妻子 Alice 逍遥得多，他可以拿到一笔失业救济金，而且到处打零工，所赚的“黑钱”加起来要比他正式工作的工资高出很多。他举了个例子：他给别人的房子刷油漆，主人问他多少钱，他说6000块，但如果不要单子的话，3000块便可成交。于是那家主人欣然同意了。油漆工作完成后，那家主人用现金结账，Edison 直接放入自己腰包，这项交易根本不用报税，这便是所谓的“黑钱”交易。在税局眼中，逃税当然是违法的，但在丹麦人眼中，小规模的赚黑钱不是罪过。实际上，在丹麦，赚黑钱的风气遍及全民，每个人一生中，总有赚过黑钱、用过黑钱或请人做过黑工的记录。

北欧国家的税率很高，致使偷漏税现象频繁，例如瑞典三级跳传奇高手奥尔森为了逃避纳税，不得不离开祖国，将居住地点改在蒙地卡罗。还有的女人采用生私生子的办法。瑞典对无配偶的带孩妇女有专门补贴，生了孩子还可有一笔钱。在某种意义上讲，这种福利经济制度是一种奖懒罚勤的不合理的制度，它遵循的是一种违反经济动力原理、违反人类基本生存哲学的价值观，也败坏了社会风气。丹麦的一个政治家曾感叹说："在丹麦拿残废退休金的人这么多，好像曾经有原子弹落在丹麦似的！"

这样，北欧各国政府面临着不少的困境，例如政府支出和收入之间的失衡。瑞典每年用于社会福利、社会保险和社会服务的总开支占到 GNP 的 70%以上。因为人民工作的动力不足，政府的税收收入面临下降的威胁。而另一方面，失业的人数又在增加，失业救济金的支出不断上涨。这就导致了政府收入将面临入不敷出的危险，一旦如此，高税收、高福利制度也就难以为继。

高福利和福利平均化造成"少劳多得"甚至"不劳而获"的现象，致使公众的工作热情减弱，人们对社会和政府过分依赖，职工怠工现象严重，企业经济效益受损，国际竞争力减弱。随着投资自由化的浪潮，有的国家如芬兰资本流出已经大于资本流入，从而给本国产业带来若干"空洞"，进而使本国劳动者丧失一部分就业岗位，同时伴随着人员流动及移民增加给北欧国家带来新的压力。

（二）老人社会还会幸福吗？

目前很多发达国家都面临着人口老龄化的问题。据介绍，世界1/3左右的国家和地区已开始进入老年型社会。这使得老年人养老这一问题显得尤其突出。传统社会中的养儿防老的模式，再也适应不了快速发展的现代社会。国家依靠社会福利制度来解决老年人养老问题，已经是大势所趋。

北欧的社会养老制度无疑为其他国家建立和完善养老制度提供了有意义的借鉴。但是，北欧国家的养老制度也并非完全没有问题。现在，也受到不少的挑战，其中最重要的，当属北欧国家人口老龄化的程度加剧。有学者介绍：北欧的人口老龄化程度最高，高龄老人在60岁以上人口中均达到或超过了1/5，且呈持续上升趋势。根据预测，到2020年前后，北欧每5人中就有1个老年人口，而在60岁以上人口中，80岁以上高龄老人的比例将高达30%以上，即每10个老年人中，就有3人是80岁以上的高龄老人。

这意味着，北欧国家将面临着劳动力下降，而老年人比例上升的问题。这会对北欧的福利制度造成两个方面的影响。首先，工作者的比率下降，意味着纳税人数下降，政府的税源将大大减少。“巧妇难为无米之炊”，即使国家有再好的福利计划，没有足够的税收的支持，也无计可施。这使得北欧国家必须面对政府收入开源的问题。其次，老年人增加，又意味着政府福利支出提高，这就使得本来就捉襟见肘的财政收入更加难以为继。政府将不得不考虑节流的问题。

一位年近五十的瑞典人说：“在我们年富力强的时候，是给政府缴税的主力军，现在我们快要变成老年人了，以后要指望政府的养老制度。但是，我们却不无忧虑地看到，我们面临后继无人的状态，在不久的将来，谁来给我们纳税呢?”这位瑞典人带着他们惯有的乐观主义精神如是说道:“虽然偶尔我们会有这样的疑问，但我总觉得问题不大，相信我们的政府会有智慧解决这个问题。”

另外，北欧国家为了解决老龄化问题，通过高福利保障老年人的生活。但这对人们早退休产生刺激，抑制了就业增加。高赋税削弱企业竞争力，导致资产拥有者和科技人员大量外流，非物质生产部门过于膨胀，制约了经济增长等。目前，人口老龄化对北欧养老体系带来了较大的冲击。如果不对现有的养老体制进行改革，届时国家养老保险计划的支出将难以维系。

（三）在全球化挑战中，幸福还在吗?

福利国家的本质是国家主义，是针对本国国民的各项保护政策和措施。但是，现在是一个经济全球化的时代，产品和服务、资本、人员的跨国流动越来越多。这些都可能会影响到主权国家的税源和社会再分配计划。经济全球化条件下，产业的发展、交通工具的发达以及新经济政策的实施使全球性的资本流动加快。因此，当企业的跨国流动打破了民族国家的界限时，那种在主权国家内部平衡贫富的社会契约形式也就自然而然受到了威胁，导致失业人数增加，税源枯竭。

北欧国家的高税收使很多中小企业难以发展，从而影响整个国家的创业和活力。例如，瑞典的养老保险金由企业和个人负担，具有强制储蓄的特征。在1975年以前，这种养老保险是由企业和职工平均分摊的，由于职工不堪重负，所以从1975年改为全部由企业承担。瑞典一方面对小企业实行高税收制度，另一方面对于刚刚创业、资金缺乏的小企业没有制定出相应的保护措施。支付层层的税收对小企业无疑是釜底抽薪，使它们难以为继。这在很大程度上打击了小企业主创业的积极性，也影响了小企业的创新精神，降低了整个社会经济的活力。

北欧国家，诸如丹麦、瑞典和芬兰已经加入欧盟，那么这些国家在经济政策上必然要受到欧盟统一经济社会政策和规则的约束，从而也面临政策调整的历史性任务。在欧盟的大家庭里，劳动力和资本可以自由流动。那么，会不会有更多的企业和个人为了避免高税收，而到欧盟其他国家进行投资呢？同时，因为北欧的高福利政策，又会吸引更多的人移民到北欧，从而使他们的政府开支承受更大的压力。这些都是北欧各国政府必须面对的现实问题。

北欧人在幸福的道路上确实面临着不少的问题，其中不乏一些客观的问题，例如人口老龄化和经济全球化带来的挑战。同时，我们也要意识到，如果我们站在中国文化的背景中去理解北欧的福利制度，可能会得出与北欧人不同的结论。例如，北欧的高税收和高福利制度固然可能养了一些懒汉，但这只是在一定程度上。结合北欧的文化，我们可以看到他们大多数人还是热爱工作，并且对工作抱有热忱的。这也说明了，为什么北欧的福利制度已经实行了几十年，却仍然堪称是世界上最完善的福利制度。

三、他山之石：幸福的成功可以复制吗？

思考复制或移植北欧福利制度，我们要对文化水土有一个清醒的认识。北欧福利制度在北欧特定的文化背景下可以有效运作，但在其他国家的文化背景下，简单移植是否可以奏效呢?

很多国家和地区都在思考借鉴北欧的福利制度的问题，特别是东亚国家和地区，包括亚洲“四小龙”，他们在经济快速腾飞后，却发现没有很好地解决贫富分化和社会公平的问题。例如在新加坡，据联合国的数据显示，尽管按人均收入计算，新加坡是仅次于日本的亚洲第二富国，但其“收入平等”排名仅列世界第105位。收入差距已经开始对长期执政的人民行动党政府构成了政治威胁。新加坡总理李显龙曾经表示，新加坡将把消费税从5%提高至7%，以确保政府能获得稳定的额外收入，用以资助低收入阶层。他还表示，政府有可能下调公司税，以增强新加坡在吸引外资方面的竞争力。新加坡一些国会议员建议政府采取北欧国家的福利制度来加强新加坡的社会安全网。

但是，李显龙认为北欧模式不适合新加坡，因为北欧国情在根本上跟新加坡不一样。新加坡如果采纳北欧模式，只会令外来人才和外国投资裹足，发展停滞不前。

不少新加坡人强调新加坡的国情与北欧国家完全不一样。例如，北欧是单一族群社会，凝聚力比较强。北欧是单一语言国家，非英语系，移民的几率比较低。北欧的自然资源丰富，挪威的石油生产占了国内生产总值的20%，芬兰出产木材，丹麦也出产石油。北欧有欧洲大陆作为腹地。在北欧行得通的福利制度，对新加坡来说，却很可能水土不服。

我国的台湾也有不少人提出模仿北欧的模式，号召台湾社运抗争力量往这方向努力。但反对的声音也不少。反对者认为台湾与北欧的具体情况存在很大不同，难以走北欧的道路。

（一）幸福的制度密码的启示

对于我们而言，在羡慕北欧人生活悠闲、社会治安良好的同时，很多人也提出中国是否也可以发展北欧式的福利制度。我们现在的福利事业刚刚起步，很多机制还不成熟，距离北欧高福利制度的标准还相差非常遥远。最重要的是，我们跟北欧国家的文化存在很大的不同。我们有一句老话，“橘生淮南则为橘，生于淮北则为枳”，所以对于北欧福利制度不能不考虑文化背景差异而进行简单的模仿。但是，也并不是说北欧的福利制度跟我们就没有任何的交集，我想里面也有许多可以供我们借鉴的地方：

1. 中国需要大力发展经济，为推进福利事业创造物质基础。北欧国家的高税收、高福利制度并非是建立在沙漠上的空中楼阁，他们有非常坚实和有创新能力的经济基础的支撑。中国经过30多年的改革开放，东部沿海地区有很大的发展。中国已经成为世界上的第二大经济体，但是中国的人均GDP依然很低，还处于发展中国家的行列。中国东西部经济发展存在巨大差距，城乡之间也存在很大的差距。中国经济还呈现出非常明显的二元结构。要建设福利国家，需要我们继续推进改革开放的伟大事业，改变西部贫穷落后的面貌，推动农村城镇化建设。只有具备了良好的经济基础，才能有力推动国家福利制度建设。正如一位中国人所说：“我确实很羡慕北欧的福利，可是，那是因为人家有钱，财大气粗，我们中国现在根本就没有足够的经济实力可以和他们那样。邓小平说得对，发展才是硬道理。所以，第一步，我们还是需要把国家发展起来才行。”

2. 大力发展私人和混合经济，实行社会福利项目私人化、市场化和社会化。北欧国家的福利事业引入非营利机构，这在一定程度上解决了他们融资不足的问题。中国恰恰是一个资本很不充裕的国家，借鉴北欧社会福利私人化、社会化的经验不失为一个很好的选择。我们可以鼓励和动员各种社会力量、社会团体参与社会福利保障。

3. 加快服务性政府职能的培育。中国政府现在的主要职能是经济职能，在公共服务职能方面发挥的作用很不足。一个良好的社会福利体制国家，需要有完善的政府公共服务的配套，这就需要我们加快从经济职能向公共服务职能的政府职能的转变。

4. 推进福利制度重点化。中国福利事业面临着僧多粥少的局面，我们拥有世界最多的人口，然而我们的资金又相当有限。有学者统计，中国能分到民政上的支出费只占财政总支出的2%左右，而分到社会福利事业的就更少了。而且，在政府拨给的社会福利单位经费中，绝大部分都用于本身的日常开支，投入发展的只有10%～15%。同时，社会筹资渠道迄今仍未真正开辟，从而导致福利资金严重短缺、福利供需矛盾十分突出。所以，中国发展福利事业不可能面面俱到，要抓重点，要有优先对象。例如，要首先支持那些在农村的鳏寡孤独、生活无依无靠的人，生大病却无力医治的人，或者在城市的下岗职工，其他生活困难的市民、临时工、农民工等。

5. 推进福利制度业绩化。很多人批评北欧的福利制度养懒汉。诚然，这样的高福利制度在一定程度上造成了一批懒惰者。为避免中国出现这样的情况，还是需要把福利制度与个人业绩进行一定程度上的挂钩。北欧事实上也是用了这种方法来解决“养懒汉”的问题。我们需要把社会成员接受保障的水平和其对社会的实际贡献结合起来，实行有偿福利制度，激励人们为社会工作的积极性和主动性。

6. 推进福利制度法制化。北欧国家每一项社会保障政策和措施都有法律依据，都由相关法律针对不同保障对象作出不同的具体规定。社会保障法律制度不仅体系完备，而且内容具体。国民对社会保障执行中的不满、问题和纠纷可以上诉，通过法庭解决。但是，中国的福利制度的法律、法规还普遍处于一种空白的状态，这导致许多“无法可依”的问题。这需要我们大力加强立法工作，努力形成一整套社会福利制度体系。

（二）幸福的文化密码的启示

我们还是需要归结到幸福是否可以复制或移植这个话题，这是一个关于文化土壤的问题。在借鉴北欧福利制度的同时，笔者认为除了在体制上对北欧福利有所借鉴之外，更重要的是，我们需要更多地去了解他们的文化密码，反思我们的文化，并积极主动地更新我们的一些意识，培育新的文化。

幸福不是拥有得多，而是计较得少。这是一个关乎文化和价值观的问题。幸福是一种主观感受，有的人在别人看来很幸福，但他的内心却仿佛地狱。有的人也许在别人看来很不幸，但是他拥有一颗感恩的心，依然可以在内心得到满足和平安。

一个热爱学习的人，会更有可能获得幸福。我们很多孩子好像不是为自己学习，而是为了家长而学习。一个朋友为了鼓励孩子学习，每次孩子成绩超过 90 分，就给予 50 元奖励。久而久之，孩子没有觉得学习是他应有的职责，而是觉得是父母要他学习的。他长大了一些，50 元已经不能激发起他学习的热情了，当父母要求他学习时，他说："我再也不给你们学了。"他的父母感到愕然，这何尝不是一种悲哀？北欧人热爱学习的精神给了我们一些启迪，他们并没有总在强调孩子要努力学习，也没有对孩子进行物质奖励，他们自己言传身教，用自己热爱学习的精神来感染孩子。他们并不要求孩子一定要上大学，一定要考多少分，而是让孩子去自由选择，这样成长的人反而更加热爱学习。因此，大人需要更多地反思自己，如果自己不热爱学习，就很难培养出热爱学习的孩子。如果自己总是担心考不上大学、找不到好工作而学习，孩子就不能培养起对学习的真正浓厚的兴趣。确实，我们太缺乏终身教育的理念。一个人考上大学，似乎就完成了教育的任务。很多人大学毕业之后，书本就束之高阁。如果人们不能及时更新知识，如何才能适应日新月异的社会？如果人们不能从书本上获得精神粮食，精神慢慢干涸，心灵就得不到滋润。试想，国民的素质如何才能提高，这又如何能保证幸福的生活呢？

北欧人重视家庭的理念也非常具有启发意义。如果工作与家庭冲突，他们会优先选择家庭。北欧人不会为了挣钱而牺牲和家人在一起的时间。我们中国人在历史传统中，一直都非常重视家庭。但是，现在很多双职工家庭，因为忙于工作，经常在孩子教育上所花费的时间甚少。特别是中国传统有"男主外、女主内"的模式，一些男人忙于工作养家，把家里的大大小小事务都交给妻子。这造成很多家庭好像"单亲家庭"一样，父亲长期缺席，这对孩子的健康成长是相当不利的。我们的幼儿园，几乎清一色女老师。孩子从小在家庭和学校，都缺乏男性榜样，缺乏必须的性别指导，这是堪忧的现象。

还有对人，不管是对富人还是穷人、对健康的人还是残疾人的尊重，北欧也有很多值得我们学习的地方。在北欧，没有对弱势群体的歧视，人们并不互相攀比，每个人都努力做最好的自己，不会因为别人而影响自己对自己的看法。我们比较缺乏这种自我肯定的自信精神。经常与别人比较，造成很多心理压力和困扰。中国人，要住多大的房子，往往不取决于自己的实际需求，而取决于亲戚朋友、同学同事们住多大的房子。这种现实提示的是一种典型的中国式攀比心态。对于弱势群体，我们也相对缺乏关怀意识和互相帮助的精神。我们需要更多地去学习如何平等待人，如何与人更好地合作，如何培养良好的团队合作精神。

北欧的清廉文化对我们也具有相当的启迪意义。腐败问题一直是全球性的重要问题，我国也不例外。除了制度反腐、让腐败没有滋生的土壤外，我们也需要在整个社会培育清廉文化。让反腐意识深入人心，人人以腐败为耻，以清廉为荣。让诚实守信不但成为一个口号，还真正成为人们内心一个重要的、不可违背的道德律。只有这样，才能从根本上改善社会风气。

北欧的福利制度背后的文化密码给了我们很多的启发，例如，他们终身学习的理念、诚实守信的理念、清廉文化的理念、自由平等的理念、重视家庭的理念，这是他们幸福的源泉。我们中国人要获得更加幸福的生活，不仅仅在于提高物质生活水平，更重要的，还是我们需要有一颗更加敏锐感知幸福的心灵。

国民文化素养的提高是我们走向福利国家的一个重要前提。国民痛恨腐败和不诚实，偷税漏税的行为就可以大大得到缓解。国民热爱学习，勤勉工作，就不会因为有高福利而变成“懒汉”。要学习北欧的福利制度，还是需要从每一个人素质的提高开始。国民素质的提高，不但要靠政府的政策导向，更重要的是，需要每一个人的努力。我们必须认识到，文化素养的提升，是我们每一个公民的责任，也是我们这个社会的责任。

参考文献

图书：

1. 方彤：《瑞典基础教育》，广州：广东教育出版社，2004年。

2. 高关中、郑丽群：《北欧五国·丹、瑞、挪、冰、芬——福利社会的典范》，北京：社会科学文献出版社，2004年。

3. 贺颖清：《福利与权利——挪威儿童福利的法律保障》，北京：中国人民公安大学出版社，2005年。

4. 梁光严：《瑞典》，北京：社会科学文献出版社，2007年。

5. 刘绪民：《古老多山的北国：瑞典》，北京：科学普及出版社，1994年。

6. 斯坦恩·库恩勒：《北欧福利国家》，上海：复旦大学出版社，2010年。

7. 汤益诚：《促进社会和谐的瑞典经验》，北京：中国社会出版社，2008年。

8. 图特维特·欧文、杨·劳伦斯：《挪威社会工作》，北京：中国社会出版社，2009年。

9. 王鹤：《丹麦》，北京：社会科学文献出版社，

2006年。

10. 杨叙：《丹麦》，北京：世界知识出版社，1998年。

11. 章念生、边红：《北欧亲历》，北京：当代世界出版社，2002年。

12. 中国赴瑞典高级经济管理研修团：《瑞典经济管理掠影》，北京：文津出版社，1990年。

期刊：

1. 昂迪·莫：《性别平等教育在挪威》，《幼儿教育（教育科学）》，2010年第9期，第37～40页。

2. 彼得·亚伯拉罕：《斯堪的纳维亚模式终结了吗？——论北欧国家的福利改革》，《南京师大学报（社会科学版）》，2007年第5期，第16～22页。

3. 朝冈：《瑞典教育：不要天才要平等》，《世界教育信息》，2008年10月，第96页。

4. 陈庚、杨飞、刘伯星：《丹麦职业技术教育述评》，《外国教育研究》，1999年第1期，第44～48页。

5. 陈蓉辉：《挪威基础教育的特色及其启示》，《外国教育研究》，2005年第12期，第20～23页。

6. 陈雪芬、吴雪萍：《瑞典终身学习政策分析》，《职教论坛》，2008年6月（上），第56～60页。

7. 陈雪芬：《瑞典终身学习的发展历程及推进措施》，《比较教育研究》，2004年第2期，第71～76页。

8. 陈乙南：《北欧普遍主义福利国家的经验和启示》，《政治研究》，2009年第13期，第52～55页。

9. 滇剑：《瑞典社会的“劫富济贫”》，《讲述》，2009年6月，第6～7页。

10. 丁刚：《瑞典：通过再分配达到公平》，《同舟共进》，2009年第6期，第17页。

11. 董全林、王云霞、马丽娜、吴妮娜、李倩、李永斌、卢祖洵：《冰岛卫生体制改革》，《中国社会医学杂志》，2008年第2期，第83～84页。

12. 杜宣新：《世界的读书王国——冰岛》，《全国新书目》，1998年4月，第42页。

13. 方金秋：《挪威的基础教育一瞥》，《青年教师》，2006年11月，第58～59页。

14. 方梅：《冰岛高等教育概况》，《上海教育》，半月刊，2010年第21期，第22～23页。

15. 冯雁军：《丹麦人的平等理念》，《杂文月刊》，2008年2月，第34页。

16. 冯一凡：《北欧："中央投资"构建福利乌托邦》，《新理财》，2010年8月，第68～69页。

17. 高振立：《从瑞典福利制度看北欧福利国家模式》，《中国人口科学》，2002年第3期，第58～64页。

18. 郭庆：《我国与北欧国家的社会福利政策比较及启示》，《今日南国》，2008年2月，第32～34页。

19. 韩春：《北欧福利国家模式研究与借鉴》，《市场周刊·管理探索》，2005年5月，第48～50页。

20. 何玲：《瑞典儿童福利模式及发展趋势研议》，《中国青年研究》，2009年第2期，第5～15页。

21. 贺武华：《北欧福利国家新近公共教育改革共性概略》，《外国中小学教育》，2009年第4期，第1～5页。

22. 侯亿兆：《挪威的终身学习战略》，《高等函授学报（哲学社会科学版）》，2009年11月第22卷第11期，第7～

10、17页。

23. 姜勇、陈曦绚:《挪威“优质”教师教育改革政策述评》,《外国中小学教育》,2007年第1期,第29～32页。

24. 靳忠良:《“心怀人类”的挪威教育》,《时事报告(中学生版)》,2008年第4期,第44～45页。

25. 柯政彦、黄晓波、卢勃:《冰岛职业院校创业教育探析》,《教育研究》,2010年12月,第49～51页。

26. 柯政彦、黄晓波、卢勃:《冰岛职业院校创业教育探析》,《世界教育信息》,2010年12月,第49～51页。

27. 雷泓霈:《学挪威教育的“海阔天空”》,《华人时刊》,2010年8月。

28. 李贺祥:《和谐自然的教育——丹麦中小学印象》,《内蒙古教育》,2003年第7期,第32～34页。

29. 李宏、廖晓慧:《瑞典的社会福利制度及其危机与改革》,《价格月刊》,2005年第3期,第34～35页。

30. 林卡:《北欧国家福利改革:政策实施成效及其制度背景的制约》,《欧洲研究》,2008年第3期,第99～110页。

31. 林卡:《论北欧学者对于其福利国家体制的研究、论争及其论争的逻辑基础》,《国外社会科学》,2005年第6期,第46～53页。

32. 刘佩修、贺先惠:《丹麦人:全世界最快乐的人》,《晚报文萃》,2007年第13期,第52～53页。

33. 刘佩修:《丹麦:东方的大同,西方的实践》,《共产党员》,2007年10月(下),第41页。

34. 刘玉安:《福利国家与社会和谐——北欧模式探源》,《文史哲》,2008年第5期,第159～168页。

35. 刘长兴：《访问北欧四国和瑞士教育的印象》，《天津市教科院学报》，2005年8月第4期，第51～52、57页。

36. 卢波、张瑜：《“冰岛并未破产”——专访冰岛共和国驻华大使贡纳尔》，《理论参考》，2008年11月，第36～37页。

37. 罗桂芬：《欧盟一体化框架下北欧社会政策及福利模式的重新定向》，《国外社会科学》，2001年第6期，第2～8页。

38. 马庆钰、寇凤超：《北欧廉洁政府的经验与启示》，《国家行政学院学报》，2005年增刊，第140～142页。

39. 马永堂：《瑞典的促进就业长效机制》，《中国劳动》，2007年5月，第24～26页。

40. 庞晓芳：《丹麦解决失学青年教育与就业问题的经验及其启示》，《世界教育信息》，2006年10月，第25～27页。

41. 千叶：《丹麦的社会福利》，《社会福利》，2003年9月，第55～56页。

42. 乔建忠：《丹麦的再就业工程》，《党政论坛》，2007年8月，第44页。

43. 秦富民：《瑞典的民生：从摇篮到坟墓》，《决策与信息》，2010年第4期，第76～77页。

44. 邱力戈：《福利国家与丹麦模式》，《科技风》，2008年3月（下），第145～146页。

45. 邱莉莉：《北欧国家如何在福利制度中体现公平》，《社区》，2008年8月（上），第38～39页。

46. 盛荣杰：《丹麦教育概览》，《北方论丛》，2003年第3期，第120～122页。

47. 谭伟：《冰岛“国家破产”的原因及启示》，《黑龙江对外经贸》，2009 年第 11 期，第 134～135 页。

48. 唐黎彪：《瑞典的弱势群体保护机制》，《公民导刊》，2006 年 2 月，第 36～37 页。

49. 田茂会：《品味北欧廉政文化》，《农村工作通讯》，2009 年第 24 期，第 50 页。

50. 王海良：《在有保障的社会中生存——北欧国家福利制度一览》，《社会观察》，2004 年第 1 期，第 13 页。

51. 王三秀：《瑞典：福利国家大家建》，《中国社会保障》，2008 年第 4 期，第 41～42 页。

52. 王翔：《北欧国家社会福利制度的观察与思考》，《财经论丛》，2003 年 11 月，第 7～11 页。

53. 王逸珊：《北欧福利经济模式的困境及其启示——基于希腊主权债务危机的思考》，《现代商贸工业》，2010 年第 15 期，第 72～73 页。

54. 王钰莹、李潇：《“学习型社会”背景下——瑞典教育及其启示》，《继续教育研究》，2010 年第 1 期，第 148～150 页。

55. 王志凯：《90 年代北欧的福利经济制度》，《中国国情国力》，2000 年第 1 期，第 34～35 页。

56. 魏春洋、孟范芳：《平等、协作、生存、创新的瑞典教育》，《现代教育论丛》，2008 年第 7 期，第 85、86～87 页。

57. 吴平、刘军：《北欧福利国家的社保选择》，《瞭望新闻周刊》，2008 年第 13 期，第 21～22 页。

58. 吴威：《丹麦的快乐教育》，《校长参考》，2007 年第 32 期，第 65 页。

59. 吴惟粤：《北欧基础教育课程观感》，《广东教育》，2006 年第 1 期，第 64～65 页。

60. 吴雪萍、王艳玲：《丹麦职业教育面面观》，《外国教育研究》，2004 年第 5 期，第 47～51 页。

61. 武中哲：《北欧福利国家制度之利弊及对我国的借鉴意义》，《理论学习》，2001 年第 10 期，第 56～57 页。

62. 熊苹：《瑞典的终身职业教育与培训体系》，《职教论坛》，2003 年第 15 期，第 56～58 页。

63. 徐恒秋：《瑞典社会福利政策模式的探讨与启示》，《学术界》，2007 年第 4 期，第 286～291 页。

64. 许宝友：《瑞典是如何解决就业问题的》，《前线》，2005 年 5 月，第 20～21、33 页。

65. 许晟：《国富“民穷”看挪威》，《海南金融》，2002 年第 7 期，第 59 页。

66. 杨曦：《从教育公平的视角看瑞典第三级教育大众化政策》，《清华大学教育研究》，2006 年 11 月第 27 卷增 1 期，第 149～155 页。

67. 叶美玉：《福利国家理论和实践及其对我国的启示》，《社科纵横》，2010 年 2 月，第 63～64 页。

68. 衣军强：《瑞典就业服务体系建设一瞥》，《山东劳动保障》，2009 年第 4 期，第 37～40 页。

69. 应永胜：《瑞典失业保障制度解析及启示》，《福建商业高等专科学校学报》，2006 年 10 月，第 64～67 页。

70. 于瑞红：《福利国家制度的发展历程及对我国的启示》，《科教导刊》，2010 年 9 月（中），第 161～162 页。

71. 余南平：《福金融危机下北欧社会民主主义经济模式再考察》，《当代世界社会主义问题》，2010 年第 3 期，第

71～83 页。

72. 袁群、安晓敏：《北欧福利国家的改革及对我国的启示》，《经济问题探索》，2006 年第 11 期，第 139～142 页。

73. 袁越：《冰岛为什么会破产》，《三联生活周刊》，2008 年第 39 期，第 57 页。

74. 张成、李敏：《论福利国家的两难困境及其对我国的启示》，《经济论坛》，2010 年第 1 期，第 5～9 页。

75. 张大宁：《北欧医疗保障制度的启示》，《医海观察》，2007 年第 2 期，第 21～23 页。

76. 张东升：《析北欧国家对欧洲一体化进程的参与》，《国际问题研究》，2000 年第 2 期，第 41～43 页。

77. 张红霞：《北欧国家的福利制度改革及其对中国的启示》，《中国石油大学学报（社会科学版）》，2007 年第 6 期，第 48～52 页。

78. 张红霞：《北欧国家福利制度改革的反思及启示》，《当代世界与社会主义》，2008 年第 2 期，第 36～40 页。

79. 张娟娟：《瑞典发展终身学习的策略分析》，《继续教育研究》，2003 年第 4 期，第 31～34 页。

80. 张璐晶：《冰岛驻华大使柯丝婷："我们仍然是富有的国家"》，《中国经济周刊》，2010 年第 19 期，第 20～21 页。

81. 张晓华：《试论瑞典的"充分就业"》，《世界历史》，2008 年第 5 期，第 84～93 页。

82. 赵雯：《北欧国家行政公开制度的发展及对我国廉政建设的启示》，《山西高等学校社会科学学报》，2009 年 3 月第 21 卷第 3 期，第 49～51 页。

83. 周虹：《谈北欧各国地理环境与经济发展的关系》，

《玉溪师专学报（自然科学版）》，1991 年第 1 期，第 52～55 页。

84. 朱贵昌、杨丽华：《欧洲福利国家的改革及其对我国构建和谐社会的启示》，《科学社会主义》，2007 年第 2 期，第 122～124 页。

85. 竺乾威：《北欧三国中央—地方政府关系比较》，《西欧研究》，1989 年第 4 期，第 38～47 页。

后 记

幸福是我们每个人都关注的人生的核心命题。幸福也是我们人生的终极目标。幸福既简单又深奥。

北欧国家是世界上最幸福的国家。他们幸福的密码是什么？这些密码可以在多大程度上成为我们的他山之石？密码的解开，无疑会为我们插上追寻幸福的翅膀。

北欧人的幸福来自他们完善的“从摇篮到坟墓”的社会福利制度，也来自他们追求平等、热爱学习、享受家庭和崇尚清廉的文化。学习北欧人幸福的经验，不但要看到他们确保幸福的制度密码，更需要去深入了解北欧人幸福背后的文化密码。学习北欧的社会福利制度，也不是简单地模仿，而是要结合中国的文化现实，有借鉴地吸收。同时，我们需要看到，我们要更加幸福，除了体制的借鉴外，我们还需要进行一些文化的更新。例如，我们需要培育对学习的热爱精神，终身学习的精神，崇尚清廉、诚实守信的文化等等。

本书的写作得到了华东师范大学的三位研究生同学许子兰、张丽和李贝的大力支持和帮助。这三位同学在资料收集和整理方面做了大量的工作，并协助了部分章节的撰写。其中，第二、七章由我和许子兰合写，第三、四章由我和张丽合写，第八、九章由我和李贝合写。

本书是大众读本，采用比较生动形象的语言。为了避免枯燥乏味，在写法上没有严格按照纯学术著作那样标明出处。但是，需要指出，本书的写作是基于前人大量研究的基础之上，本书引用了不少前人的研究成果，在此表示感谢。本书大部分参考文献已经在书后列出。不过，来自网上的一些文章，因为出处较多且繁杂，没有一一标出，在此也一并感谢。